ときどき意味もなくずんずん歩く

目次　ときどき意味もなくずんずん歩く

ときどき発作的にずんずん歩く

意味はないが、なんとなく海外旅行

いつの日か、ファミリーレストランで

ときどき発作的にずんずん歩く

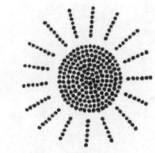

発作と遭難

理由はないが、ときどき発作的にずんずん歩く。

初めての発作は、大阪の千里丘陵に住んでいた頃のこと、突如京都へ行こうと思い立って、朝から歩きだした。淀川に沿ってえんえん歩いたのである。一〇時間以上かけて京都にたどりついたら、足に大きなマメができていた。

何かに挑戦するつもりで歩いているわけではないので、そのまま徒歩で日本縦断したりはしない。あくまで発作だから、主に日帰りであり、帰りは電車である。マメなんかできて、そんなつもりじゃなかったのに大迷惑であった。

しばらく後、部屋で寝ているとまた発作的に歩きたくなって、深夜二時に家を出て、今度は奈良の大仏に向かって歩きだした。大仏を目指すことに特に根拠はなく、なんとなくいいかなと思ったのだ。

深夜に若い男が大仏目指し住宅街を歩いていく。なるべく直線距離で行こうと思い、住宅街の中でも何でも突っ切った。途中ラブホテルの脇に出て、あの窓の内側では今頃素晴らしい何かが行われているのではないか、それなのになぜ私はその横を大仏めがけて歩いているのか、それは彼女がいないからである、おお、なぜ彼女ができないか無念なり無念なり南無大師遍照金剛と唱えつつ通過したりした。

　夜が明けてくる頃には、山道を登っていた。

　考えてみれば大阪と奈良の間には生駒山があるのだ。そんなこともうっかり忘れて出てきてしまった。山道は国道であり、トラックがばんばん通る。危ないうえに坂はきついし、日も昇って暑くなり、そもそも排気ガスで気分が悪く、なんでこんなことやってんのか意味不明である。

　一気に面倒くさくなったけど、山を登り切ったら、あとは意地になって大仏までたどり着いた。一二時間かかった。

　一睡もしていないので、奈良公園のベンチで眠り、ふと目覚めるとあたりはもう暗く、鹿が集まって私を食べようとしていた。

　トルコのカッパドキアへ行ったときも、ネヴェシェヒールという都市からアバノスという町まで歩いた。どのぐらいの距離だか知らないが、途中観光しながら二泊三日かかった。あらかじめ歩くつもりでカッパドキアへ行ったのではなく、これも発作である。

　そのままどんどん歩いて何カ月も歩き倒せば冒険家になるのだろうが、そんなつもりもさらさらなく、なんかちょうどいい場所に着いたら終わりである。何がちょうどいいかというと、何かの終点とか行き止まりとか大仏とか親戚の家とかが、ちょうどいいように思う。京都のときもゴールは親戚の家だった。

大昔、北海道の愛国駅から幸福駅行き切符というのが流行った時期があって、その線路沿いも愛国から幸福まで歩いてみた。この場合は幸福がゴールである。といってもロマンチックな気持ちはさらさらなく、ブームもはるかむかしに終わっていたが、何かキリのいいところを歩きたかったのだ。だったら襟裳《えりも》岬まで歩いてはどうか、という意見もあったが、そんなに長い発作は発作ではなく、慢性の病気である。

北海道と言えば、利尻島も一周歩いた。

一周はいい。歩く意味がある感じがするし、ゴールも明白である。

歩きはじめは沓形《くつがた》というところだった。ユースホステルに泊まったら、島を一周歩けば牛乳一本プレゼントと言われたのだ。牛乳なんかどうでもいいが、一周と聞けば歩かざるを得ない。なんでも五三・六キロあるらしい。マラソンより長いが、歩くだけだからいけるだろうと思い、朝七時半に出発した。

右手に海を眺めながら歩いていく。島一周がいいのは、ずっと海を見ながら歩けることである。思い出したが、歩いたのではないけど、桜島も三宅島も自転車で一周した。一周には不思議な魅力がある。

海はいいなあ、と眺めつつ歩いていると、どういうつもりか道がぐいぐい内陸に入っていく。せっかく島を歩いているのに、海が見えなくなって不本意である。そんな道では一周感が出ないので、戻って海岸を歩くことにした。砂浜は少し歩きにくいが、まあいい。疲れたら海で足を冷やせるのも魅力だ。

砂浜をしばらく歩くとやがて行き止まりになった。その先は岩場で、崖《がけ》である。なるほど、一周に気を取られて想像してなかったが、崖ぐらいあって当たり前である。でもせっかくここまで来たので崖でも何でも行こうと思い、崖の下の岩場を伝って進むことにした。そのうちまた砂浜に出るだろう。

と思ったら崖がどんどんきつくなっていった。

はじめのうちは岩伝いに歩いていけたが、やがて崖がキッパリと垂直に立ち上がってきた。海と陸が直角である。足場にする岩もなくなり、仕方ないので水中を歩く。水着も何も持ってきていないが、天気もいいし、濡《ぬ》れたってすぐに乾くと考えた。

荷物を頭に乗せ海に入ってみると、水深は一メートルぐらいだった。かろうじて胸が出る。で、そのまま崖の下を進んでいく。陸から見たときはたいした波もなく思えた海が、胸までつかって歩くとなると結構うねって揺れる。

かばんにはカメラが入っており、濡らすわけにはいかないのだが、海の底はゴロゴロした岩だから一歩ごとに水深が違い、胸ぐらいの深さから一気に腰ぐらいに浅くなったり、また顔しか出ないほど深くなったりして、この先どうなるのか心もとない。深ければ深いほど波の影響は大きく、水中で何度もコケた。かばんだけ手に持って空高く掲げ、ほとんど泳いでるような状態のときもあった。いまさら何を、と思うかもしれないが、このとき初めてやっぱり帰ろうかな、と思ったのである。

こんなふうに一周しなくたって牛乳はもらえるのだ。いや、牛乳はどうでもいいけど、何をこんなにがんばっているのかその理由がわからない。別にこんな思いまでして海沿いを歩きたいわけではないのである。

ふり返ってみると、もときた砂浜は遠くて見えなかった。結構がんばって歩いてきたのだ。途中何度も波にさらわれそうになり、ヒヤッとする場面もあったので、もうあの危険な道を戻りたくない気がした。しかしこの先どこまで歩けば浜に出るのかまったくわからない。

私はかばんと顔だけ海から出しつつ、進むか戻るか思案した。思案の結果、どっちも嫌である。一瞬にして砂浜にテレポートしたい。

海の中でじっと考えていると、気のせいか波がだんだん強くなってくるように思われた。なんか不安だ。大丈夫なのか。一旦上陸して呼吸を整えたほうがいいのではないか。しかし上陸しようにも前後にしばらく陸地がない。なぜこんな窮地に陥っているのだ。陸のどこからも見えないこんな断崖絶壁の下で、私は一体何をしているのか。あえて名付けるなら、これはつまり遭難しているのではないか。

おそるおそる先へ進むと、海はどんどん深くなり、ついにまったく進めなくなった。

水深二メートル以上ある。もう泳ぐか戻るかしかない。しかし泳ぐには荷物が邪魔だし、服も着てるしスニーカーも履いている。泳げないだろう、そんな格好で。

とすると戻ることになるが、戻らなければならない膨大な距離に頭がくらくらした。どのぐらいきたのか定かでないが、一時間は闘ってきた覚えがある。どうしよう。このピンチは本物だ。私は気力がなくなって、その場でしばらくゆらゆら波に揺れた。

そのとき、崖を登ったらどうか、と、ひらめいた。

見上げると、崖はほぼ垂直に切り立っていたが、高さはビルの四階ぐらいである。登れるのではないか。仮に落ちても下は海であり、死にはしないだろう。崖下に岩がないのが、かえって幸いである。

私は手掛かりのありそうな場所を選び、思い切って登った。そして苦労しつつもなんとか登り切ったときには、胸に熱い感動が沸き上がったかというと、そんなことはなく、崖の上は分け入ることもままならないほど密生した原生林で、ますますやってられない展開なのであった。

気力と腕力でぐいっと体を入れてみたが、ほとんど押し戻されてしまう。全然進めない。たとえ進めたとしても、原生林の中どっちへ向かえばいいか方角がわからないだろう。かえって危険なので、私は崖の上を横に移動していくことにした。

ずっと先に砂浜が広がっているのが見えるし、小さな人影もいる。あそこまで行けばと思い、体中傷だらけになりながら崖上をおそるおそる移動した。ときどき植物がごっそりと崖からはみ出して進路を邪魔していたが、そういうところはその無数の枝に抱きつくようにして身をぶら下げながら進んだ。

やがて、三〇分ぐらいかかってようやく砂浜の上に出、斜面を滑り降りてボロボロになって生還したときには、思わず拳を掲げ、あやうく「エイドリアーン！」と叫びそうであった。まったく死ぬかと思った。

砂浜の人影は禁漁のウニをこっそり獲って食ってるおっさんで、突然崖の上から私が滑り降りてきたのでおおいに驚き、慌ててウニをどっさりくれた。口止め料のつもりだろう。こうして私は利尻島を歩いて一周し、ウニを食ったのだった。一周一二時間ぐらいかかったかと思う。

もうこんな思いはコリゴリなので、今度は普通に利尻岳を登ってご来光を拝むことにしたら、夜中に登ったせいで沢に迷い込み、あらためて本式に遭難した。
発作もたいがいにしないといけない。

スチュワーデス＝ゾウガメ理論

本題に入る前に言っておきたい。

二一世紀だ！　二一世紀がやってきた。

よくわからないが、うれしいことにする。二〇世紀は過去のものになったが、二〇世紀と聞いてまず思い出すのは、今や誰も語らなくなったノストラダムスである。

「一九九九年七の月、恐怖の大王が降りてくる。アンゴルモアの王を復活させるために。そしてその前後の期間、火星が平和の名のもとに世界を支配するだろう」

冷静な大人の判断としてはもちろんそんなもん信じないんだけど、そうは言っても何かあるんじゃないか、それまでに子供ができたら名前はアンゴルモアにしよう、などと少しぐらいは心の片隅に引っ掛かっていたノストラダムスだったが、大コケであった。

仮に、百歩譲って当たるとすれば、《恐怖の大王》は当然核兵器であろうと私は踏んでいた。隕石《いんせき》という説もあったが、それはあまりに可能性が低いと堅実なところも見せ、ここらへんの読みに微妙なリアリティがあると、ひそかな自負も持っていた。

火星（マース）は軍神であり、それはまさに軍事力をもって世界ににらみをきかせるアメリカ合衆国と考えられる。表向きは平和の旗印を掲げながら、その実圧倒的な軍事力で、ソ連なき世界に君臨していると考えれば、まさに予言と符合しているではないか。

さらに、アンゴルモアの王は、なんとなくモンゴルに似てるのでちょっとズレるけど中国として、中国が復活する。このあたりやや強引な解釈であるけれども細かいことには目をつぶり、とにかく核兵器がどこかに落ちるのである。当然それは世界戦争を伴い、アメリカが参戦、ヨーロッパからイスラム諸国までを巻き込んで、石油が暴騰。最終的にはどの国も大いに疲弊するはめになって、その結果、かやの外で自国の石油によって黙々と経済成長を続けていた中国が、アメリカを凌《しの》ぐ超大国として復活するのである。

決して非現実的とまでは言えないようなシナリオではなかろうか。大声で言うのは恥ずかしいので、それなりにひっそり動向を注目していたが、大コケだった。隕石、核兵器どころか、各地で落ちてきたのは新幹線のトンネルや首都高速の外壁のコンクリートぐらいである。恐怖の大王はコンクリート片だったらしい。

じゃあ、なにか、マリー・アントワネットの処刑とかケネディの暗殺とかナチスの台頭を予言したっていうのも全部ウソか。ふざけてはいけない。

さて本題はここからで、アメリカへ行ったのである。

前々からいろいろな場で飛行機怖い発言を繰り返している私だが、アメリカへ行くと旅行期間中の飛行機含有量が大幅に増えるから嫌だ。四都市回るつもりで段取りしているうちに、乗り継ぎ含めてなぜか搭乗一〇回、ついでにメキシコも回って合計一三回も飛行機に乗るという千日回峰か百人組手並の荒行になることが発覚し、どうしてそうなるのかおおいに謎であって、かつ気が動転した。一三回は多すぎやしないか。そんなに人を飛ばすぐらいならお前が飛んで来い、とアメリカに言いたい。

しかも間の悪いことに、二〇〇〇年はなぜか交通事故が多かった。地下鉄は脱線し、コンコルドは墜落し、潜水艦は沈没し、シンガポール航空機は炎上して、ケーブルカーまで大変なことになった。どれもあまり事故が起こらなそうな乗り物だったのに、世の中何が起こるかわかったもんじゃない。絶対安全なんてあり得ないと思うとますます重い気分になったのである。

予約したのはデルタ航空だったが、たまたま本屋へ行って『危ない飛行機が今日も飛んでいる』（メアリー・スキアヴォ著）という本を立ち読みしていると、その本にこんなことが書いてあった。

「デルタはまったくどうかしている。……私がデトロイト発アトランタ行の便に乗ったとき……機内に入ると腐ったようなカレーの臭いがした。……私の隣りに座った男性が肘かけにもたれると、ガクンと折れてしまった。……近ごろでは、ほとんどの人がデルタを大手航空会社のなかで最悪のランクに位置づけている。……同社は九七年に……エンジンが爆発し、破片が機内に飛び散るというトラブルを起こしたのだ」などなど。

おいおい、アメリカ四大大手のひとつじゃなかったのかデルタ。腐ったようなカレーの臭いって何だ。そんな飛行機乗りたくないぞ。さらにトラブル一覧によると、九六年に爆発で何人か死んでいるうえ、「ケネディ空港で地上整備員がL-1011に轢かれた」（L……は機種の名前）というのまであって、飛行機に轢かれてどうするか。

読むほどに私は暗くなっていき、訪れる四都市のうちロサンゼルス、サンフランシスコ、クリーブランドの三都市が危険な空港と指摘されているのを見るに及んでは、頭が朦朧《もうろう》となった。しかもコンコルドの事故のあと、週刊誌にMD-11という新型機が危ないと書いてあったのを覚えていて、調べてみたら、デルタの日本―アメリカ間はまさにその機種だったのである。

終わったな。

私は終わった。恐怖の大王は私だった。私がMD-11もろとも落ちてくるのだ。あとはよろしくなアンゴルモア。

と、もう二〇〇〇年なんだけど、独自の解釈であらためて落ち込んでいると、そんな姿を見かねたのか、妻がこれを持って行けと言ってピングーを私に手渡してくれた。スポンジでできた五センチぐらいの人形である。握り心地がいいので、離着陸時これを握ってろという意味だろう。馬鹿にしてはいけない。子供じゃあるまいし。

そのピングーは以前ミスタードーナツで点数を集めてもらったもので、もっと欲しいと思ってカードを集めていたら景品が変わってタオルになっていたやつだ。タオルよりスポンジ人形がよかった。そんなわけで、スポンジ人形はいたく気に入っており、やっぱりそれを持って飛行機に乗り込むことにする。いい年こいてピングー持って飛行機に乗る人間になってしまい、まことに感無量である。

とにかくこうして冷や汗まみれの出立だったわけだが、これだけ怖がっていたにもかかわらず、いざ出掛けてみるとその飛行機が楽勝だった。のべ四五時間も飛んだのに、である。なぜか。

実は画期的な理論を考案することによって、恐怖を大幅に軽減したのだ。その大発見こそ、今回私が言いたかったことであって、ノストラダムスはどうでもよかった。同じように飛行機恐怖症で悩んでいる人のために、今からその理論を紹介しようと思う。

その発見はある人から、自分の伯父がパイロットで定年間近だがいまだ墜落せずに健在だ、と教えられたことに始まる。私はおおいに勇気づけられ、それを念頭に置きつつ飛行機に乗ったところ、ある便でスチュワーデスがかなり年配のおばはんだったのである。

今までの私であれば、せめて若くてきれいなスチュワーデスなら少しは気が紛れるのに、と一層落ち込んだところだが、考えてみるとこのおばはんは今まで何度搭乗勤務したか知れず、それなのに今こうして健在である。スチュワーデスが老朽化しているからといって、機体も老朽化しているわけではないし、それより、恐ろしい苦難の離着陸人生をここまで生き抜いた年配スチュワーデスの幸運は、ゾウガメにも匹敵しよう。であるならば、そんなに幸運な人間と同じ飛行機に乗っている私も大丈夫であろうというのが、今回私が考案した《スチュワーデス＝ゾウガメ理論》である。

さらに、別の角度からこうも考えた。世界をまたにかけるぐらいの大物を思ってみる。大物は飛行機の利用回数が多いだろう。ならば大物がこの世に生きている限り、私もまた安全であるのではないか。これを《大物だって元気の法則》という。

これら二つの素晴らしい発見のおかげで、私はスチュワーデスが年配であればあるほど安心し、年配でない場合でも、大物を想像することによって気分よく乗っていることができた。飛行機克服への輝かしい第一歩であり、とてもうれしい。飛行機が苦手な読者も、ぜひこの理論を参考に、快適な離着陸ライフをエンジョイしてもらいたいと切に願う。

さて、こうして飛行機の野望を粉砕し、大いに意気揚がった私であるが、今回のアメリカ旅行ではもうひとつ、レンタカーにも不安があった。ガイドブックに、ロサンゼルスでカージャックが多発していると書いてあったのだ。

「バンパーを軽くぶつけられるなどの、小さい事故を起こされたときには、相手が武器を持っていないかどうか確認できるまでは、ドアをロックしたまま車内にいる」「信号待ちのときに、不審な人物が近づいてきたときには、信号が赤のままでも発進する」と、なんだか恐ろしいことになっている。信号が赤のままでも発進するのくだりが特に怖い。逃げ切ったつもりでも、車の下にロバート・デ・ニーロみたいに張り付いてたらどうするのか。と気をもみつつ、ロサンゼルスに行ってみるとデ・ニーロはいなかった。

で、ようやく平常心でアメリカの旅ができることとなって、私が無事で本当によかったのであるが、結局何しに行ったのかというと、ジェットコースターに乗りまくりに行ったのである。一一日間で一〇カ所の遊園地をまわり、三五本の絶叫マシンに、のべ六〇回乗った。ジェットコースターほど心休まる乗り物はない。飛行機なんかやめて、全部ジェットコースターで世界を繋《つな》いだらどんなに安心かと思った私である。

ディープうどんインパクト

私は食べるのが面倒くさい。

特にサラリーマンだった頃は、食事が本当に邪魔くさかった。昼休み、オフィス街の食堂はどこも混んでいるし、弁当はまずいうえに、夜は夜で、普通のごはんを食べたくても、丼ものかラーメンかうどんか蕎麦、もしくは飲み屋へ行くしか店がない。帰っても自分でつくる元気も腕もないから、ファミレスか、コンビニで惣菜を買ってごはんだけ炊いて着替えながら食う。そんなにまでして何か食わないといかんのか、と思ったのである。でも食わないと死ぬのである。食うこととは、すなわち死との戦いであり、グルメ旅行とかいって、旅に出てまでわざわざ死と戦う人の気が知れない。

ついでに言うと温泉旅行も気が知れない。温泉は風呂であり、風呂は家にあり、その家の風呂さえも入るのが面倒である。

というようなことを書いているうちに、だんだんうまいものが食いたくなり、このたびさぬきうどんを食いに四国まで出かけてきた。

麺《めん》と言えばうどんに限る。蕎麦もラーメンもスパゲティも一切無用。特にスパゲティなど、一度もうまいものに当たったためしがなく、いくら具でがんばってもスパゲティそのものがぼよーんとしてまずいのだから、ラチがあかない。

お前はグルメなのかそうでないのかどっちなんだ、と読者は言いたいだろうが、ものを食ったり風呂に入ったりしてるひまがあったら、今はさぬきうどんが食べたい。それだけである。

四国行きにあたっては、『恐るべきさぬきうどん』を参考にした。この本は、ずっと前に私が入院していた頃、ある人がお見舞いに持ってきてくれたものだ。もともと食べるのが嫌いなうえに、まずい病院食で辟易《へきえき》しているところへ、そんな恐ろしいさぬきうどんの話を読んだおかげで、すっかり拒食症になったかというとそうではなく、むかし高松に住んでいたことがあるけど、さぬきうどんなんか全然食べなかったなと思ったのだった。しかも本に載っていた店のいくつかは、私が住んでいた家の目と鼻の先であり、通っていた小学校の校門の前にもあったりして、ちっとも知らん。不思議な気持ちがした。

その小学校で強く印象に残っているものに、うどんとは関係ないが、渡り廊下に貼ってあった報道写真がある。パキスタンで頭が二つある子供が生まれたという記事で、その赤ん坊の写真がでかでかと掲載されていた。それを見た小学二年生の私はおおいに動揺して、その廊下が通れなくなった。写真が見える位置に立っただけで、それが自分に向かって飛んでくるような気持ちがして、教室で思い出しては、ぶるぶるっと背中を震わせていたのだ。いくら真面目な報道写真だからといって、そんなものを小学校低学年の廊下に貼るのはどうかと思う。それ以来、私の中では恐るべきパキスタンのイメージが定着し、一生そんな国に行くことはないだろうと心に誓ったけど、この間行ったのだった。

とにかくそんな身近だったところに、世界に名だたる（かどうか知らないが）さぬきうどんの店があるなら、行ってみようと私は考えたのである。

高松に上陸した私は、懐かしい小学校を横目に見ながら、まず『さか枝』という店に突入した。

さぬきうどん界では、セルフといって自分でうどんを湯がいて席へ運ぶ店が結構あって、この店もそうである。どんぶりにうどんをもらい、それを湯を張ったタンクのところで、金ザルに移してチャッチャッチャッと湯がく。ふだん駅の立ち食いうどんで見慣れている光景だが、自分でやるとなると、どのぐらい湯につけておくべきなのかよくわからない。地元では当たり前にやっていることを、よそ者がグズグズして客の流れが滞ったりすると、すかさず店員に詰め寄られ、お引きとりくださいとか言われそうな気がして、恐るべきは地元の店なのであるが、そこはさりげなく前の人と同じぐらい湯につけて、流れるような動作でチャッチャッチャッした。このチャッチャッチャッにも、ひょっとすると知られざるコツがあるかもしれず、やっぱりお引きとりくださいの不安はあるんだけど、とにかく無心でチャッチャッチャッ。

そしてまたうどんを戻して、だしかけて、薬味入れて、食ったところが、もの凄くうまかったんだこれが。グルメじゃないから、味を聞かれても答えられないが、麺もだしも大噴火的にうまい。しかも値段がたしか一八〇円ぐらいだった。一八〇円である。何かの間違いではないのか。

安いしうまいし、危うくおかわりしそうになったが、ここで腹いっぱいになっては次の店で食べられないから、ぐっとこらえて今度は小学校の隣りの『丸山製麺』へ行く。そしてまた無心のチャッチャッチャッ。するとここもやっぱりうまかったうえに、微妙に『さか枝』とも味が違って、それぞれ店の個性が出ているではないか。

なんてうまくて深いんだ、さぬきうどん！

グルメでもないのに、はるばる東京からやってきた甲斐があった。

ここで唐突に思い出すのは宇都宮のギョウザである。

最近知ったのだが栃木県の宇都宮はギョウザの町らしい。たまたま訪れる機会があり、宇都宮駅の売店のおばさんに、このへんでは一番と教えられた駅近くの店へ行ってみると、ギヨウザの研究を一五年続けてきたという店で、ウナギギョウザとかワサビギョウザとか何でもかんでもギョウザ化していた。面白そうであり、さっそくあれこれ食ったら特にうまくなかった。

気を取り直して今度は逆に、焼きギョウザと水ギョウザしかないこだわりの有名チェーン店に行ってみると、行列になっていて期待したのに、食べるとまたもやうまくなかった。まずいとは言わないが、こんなギョウザならどこでも食えると思ったのである。聞けば宇都宮がギョウザの町になったのは、つい最近のことらしい。町興しのようなつもりでとってつけたのではないか。

ギョウザの町と言われると、つい雰囲気でうまいと言ってしまいそうになるが、私はグルメじゃないから騙されないのである。

グルメはもともと食べるのが好きだから、食べてるだけでうれしいのであり、どうしたって食べ物に甘い。その点私は、食いたくないのに食っているので、まずいもの食うぐらいなら何も食わないという分別があり、舌が客観的である。しかもグルメはうまいもんばっかり探し回っているから、舌のほうで混乱してわけがわからなくなっているだろう。漢字をじっと見ていると本当にそんな字だったかよくわからなくなるのと同じである。

私はいつも何となく食っているだけなので、極端にうまいか極端にまずいものしか判別できない。したがって、その私がうまいと言うものは、本当にうまいのであって、さぬきうどんは、宇都宮ギョウザと全然違って真にうまい。

感動のあまりまだまだ食うことにし、ひきつづき小学校横の『竹清』へ向かった。

この『竹清』は半熟卵のてんぷらが有名だそうで、これがまたうまかった。

どこもかしこもうまいではないか。

しかも安い。てんぷらとうどんで二〇〇いくらかだったと思う。東京と比べて安いのは当たり前だが、それでもうどん一杯一〇〇円台は安すぎる。

なるべく少しずつ食ってきた私だが、さすがに一気に三軒回ると腹が重くなってきた。そこで腹ごなしに少し遠出することにし、『恐るべきさぬきうどん』が選ぶS級指定店のひとつ、ダントツ人気の『山越うどん』を目指す。調べてみると、『山越うどん』は電車の駅から遠く、交通の便がとても悪かった。最寄りの駅は琴電の滝宮《たきのみや》だが、そこから三キロある。たかだかうどんのために、はるばる出かけるなんてまるでグルメのようであるが、行くことにする。

高松の中心地からのんびりとした二両編成の琴電に乗って、滝宮へ向かった。すぐにのどかな自然が広がって、そこらじゅうに讃岐平野独特のポコポコした円錐形の山が見える。滝宮は本当に小さな田舎の駅で、そこから田んぼや畑の間を三キロ歩いていく。そんな辺鄙《へんぴ》な場所にうどん屋つくって誰が来るのかと思ったら、駐車場にどっさり車が停まっていた。後に『恐るべきさぬきうどん』の全店制覇攻略本を見ると「そこに山越があるから行く」という広告が出ていて、まさにそこに『山越』があるから私が来たしみんな来たのであろう。

小さな町工場のような飾り気のないその店には、そこだけ人がたくさん集まっていた。釜玉というメニューが有名で、それを食ったら、うわさどおり激しくうまかった。今まで食った中で一番うまいような気がするが、どううまいかというと、なんと表現していいかわからない。まさに何軒も食べ歩いてグルメ化してくると、味がわからなくなるいい例である。すでに私は、全部うまいということしかもうわからないが、これをさらに続けていくと、そのうちうまいかまずいかもわからないようになり、最後は食べ物かどうかも判別できなくなるだろう。珍味とか言って虫を食べ出したらおしまいである。

食う前から腹いっぱいなので、百数十円のを一杯だけ食って、また三キロ歩いて琴電まで帰ってきた。

何度も言うが、食事なんか錠剤で済めばいいと思っている私が、もう一度食べたいと思うぐらいだから、さぬきうどんは本当にうまい。

カヌーせっかく買ったんだから方式

後輩が、自分は趣味が何もなくて悩んでいる、と言うので、先輩として何かアドバイスしようと思い、

「新しいことを始めるに当たって、まずはあんまり金をかけないでちょっと体験してみてから、という人があるが、そんなことでは駄目である。趣味ができないのは面白かったら腰を上げて突っ込もうと思っているからで、趣味なんか最初は面白くないに決まっており、少しずつ始めていたら面白いところまでちっとも到達しない。だからやるときは、ためらうことなくどーんと一気に駒を進めなければならない」

そんな意味のことを反射的に言った。

すると後輩が予想以上に感心したので、われながら何か凄いことを言ったのではないか、含蓄があったのではないかと思い、おおいに悦に入った。ここはさらにもっと深みのある発言でだめ押ししておきたいところだったが、特に何も思いつかず、それより自分がカヌーを始めたときのことを思い出した。

まだ日本でカヌーといえばフジタカヌーしか手に入らなかった頃、私は何の知識も経験もないまま、独学でカヌーを始めた。

カヌーは何といっても自然の中で楽しめるところが魅力である。しかも男らしさがあり、大人の趣味といえばカヌーではないか、との判断だった。ぼうっと毎日を過ごしていると味わえない何かが、そこにありそうな気がした。

始めるにあたって、私はまず一七万円出してカヌー（正確にはファルトボートと言って折りたたんで運べるやつ）を購入した。それほどの大金を出して買ってしまうと、もう後戻りできない。そういう背水の陣へ自分を追い込んだわけである。これを「せっかく買ったんだから方式」と呼び、これまでも何度も実践して家中ゴミだらけ、いや、家中趣味のアイテムが豊富である。

カヌーを手に入れた私は、初心者でも下れ、かつ景色もよい川として、まず犀《さい》川と千曲《ちくま》川を下ってみようと考えた。最初から簡単な湖などでお茶を濁しては、その後の発展が期待できない。やる気があるうちに、高め高めへ自分を誘導することが大切だ。

重さ二〇キロ近いカヌーとキャンプ用具などを担いで電車に乗り、長野県まで出かけた。そうしてスタート地点の河原に立ってみると、思い立ってからあっという間にここまできたと思い、非常に気持ちが高ぶった。一気にアウトドア野郎になったのである。まだ何もしてないけどワイルドだ。男はこうでなくてはいけない。

さっそくヘルメットとライフジャケットを装着し、どーんと河原を出発した。

そしてどーんとその場で転覆した。

上下逆さになって、めちゃくちゃ慌てたのである。カヌーと体が一体化してケンタウロスみたいになっていたので、おおっ、私はこのまま半人半獣みたいな変な形で死んでいくのか！　と思ったら体がすっぽり抜け、すぐに頭が水上に出た。すかさず岸に泳ぎ戻ってカヌーを引き寄せる。んああっ、危ないところだった。

ヘルメットと昼食用のおにぎりが流れていき、カヌーの上でのんびり飲もうと買っておいた缶コーヒーは川に沈み、肝心の地図もびしょ濡れだ。もっとしっかり練習してから乗るべきだったと反省した。

しかし、ここでくよくよしてはいけない。趣味獲得へ向けて、今は勢いが大切である。失敗を恐れては何もできないのだ。

二度目の発進はうまくいった。

私のカヌーは颯爽《さっそう》と犀川の流れに浮かんだ。

見たか。あれよあれよという間にカヌーイストだ。

この日のために買ったヘルメットは、まったく使わないうちに流れていったが、漕いでいるうちに追いつかないとも限らない。順調な滑りだしと言っていいだろう。

さて、川で気をつけなければならないのは、瀬である。流れが速く波立っているようなところは、陸からはたいしたことないように見えても、カヌーで漕ぎ下ってみると結構激流だったりする。実際、最初の瀬では大きな波を頭からザップンザップンかぶって驚いた。初心者向けの川とガイドブックに書いてあったのに、前が見えなくなるほどの波だ。私は二度三度とひっくりかえった。

このまま行くとあそこに見える波に突っ込んで転覆することであるなあ、瀬をはやみ岩にせかるる滝川で、揺れて揉《も》まれて哀れなことだと思いつつも、どうしていいかわからないから、やっぱり予想どおり波に突っ込んで転覆する。でもそのぐらいでビビっては趣味が定着しないから、いくつもの激しい瀬をそのままポーカーフェイスで乗り切って、犀川が千曲川に合流する地点までへとへとになってたどり着いた。ゴールはここからまだ何キロも下流のダムであるが、この時点ですでにめざましい活躍といっても過言ではないので、その日はどーんと予定を切り上げ、帰宅した。

次に挑戦したのは茨城県の那珂《なか》川である。

黒羽《くろばね》というところから水戸まで下る二泊三日の計画だ。

犀川だけでは趣味をモノにした実感が足りないので、即座に実行に移した。新しい趣味を始めるときは、この早さが肝心である。だらだらしていると、興味が薄れて面倒くさくなってしまう。もともと興味があっても面倒くさいぐらいだ。

西那須野の駅からタクシーで黒羽の河原へ向かう途中、タクシーの運転手が、

「わしらは教育もろくに受けてないっぺ。だから字も書けねえわさ。かけるのは頭ぐらいだっぺ」

と言って寂しそうに頭を掻《か》いたが、ギャグなのかどうか笑っていいのか迷った。

さらに出発地点の河原には、アユ釣りの釣人たちがたくさんいて、

「なんだ、そんなもんで、どこさ行くっぺ」

「死んだら連絡すっぺ」

とこのあたりの人はみんな優しいのだった。

那珂川は、犀川より流れが激しいが、ここで一気に実力的にもバージョンアップし、カヌーを私の趣味として定着させる考えだ。

カヌーを漕いでみて最も予想外でかつ困った問題は、カヌーの上から水面の段差が見えないことである。視点が低いので、小さな滝や落ち込みなどがあっても、手前の水面と、向こうの水面が連続して見え、そこに段差があることがわからないのだ。那珂川には段差一メー

トルぐらいの落ち込みしかないが、それでも初心者が突っ込むのは危険であって、寸前で上陸してカヌーを担ぎ、下流へ運ぶのが正しい対処の仕方である。これにはすごく苦労した。気がつくといつの間にか段差が目前に迫っていることもあったりして、そんなときは大慌てである。

これを回避するには、音に注意しながら進むしかない。なんかゴウゴウと聞こえてきたと思ったら、段差のサインである。カヌーを上流に向け、すばやく漕ぎ上がって上陸する。落ち込み寸前では流れも速くなっていくため、大変な労力だ。優雅なようでいて、普段何も鍛えていない体には、カヌーもなかなかこたえるスポーツなのだった。

それでもまあ幾多の困難を乗り越えつつ、ともかく私は無事一泊二日の那珂川下りを終え、深い達成感とともに、どーんと家路についたわけである。

計画は二泊三日ではなかったか、と不審に思う人がいるかもしれないが、細かいことにこだわって本質を見失ってはいけない。一泊も二泊もがんばった点では同じである。

三度目は若狭湾にある三方五湖《みかたごこ》へ行った。

三方五湖は、五つの湖の総称で、そのうち四つの湖が水路でひとつに繋がっている。この四つの湖をのんびり縦断すると、最後には海に出られるのが面白い。しかも湖には瀬がないのでとても安心である。瀬がなければ転覆の心配もない。

おや、高め高めへと自分を誘導するのではなかったのか、川から湖に楽なほうへ進んでいるのではないか、と言う人もあろうが、今は重要なときなのでそっと見守ることが大切である。

湖岸でカヌーを組み立ててみると、いつ壊れたのか部材が一本折れていた。本体には小さな穴も開いている。那珂川でそんなことになったのか、あるいは那珂川の後、人に貸したのでそのときか。仕方なくガムテープで補強して湖に漕ぎ出したが、案の定すぐに水がカヌー内に浸入してきた。しかもみるみるうちにカヌーの底が水浸しになり、うかうかしてると沈んでしまいそうである。危険なので、一日かけてのんびり縦断する予定を切り上げ、さっさと海に出ることにした。

しかしそれでははるばるやって来た甲斐がないので、海に出たあと少しだけ海岸沿いに探検してみたところ、今度は波に揺られて揉まれて沖へ流され、おまけに何度も転覆しかけて吐きそうになった。ここは二度の川下りで得た経験をもとに、すばやい状況判断で浜に上陸、電撃的に帰宅した。

数カ月後、私はどーんとカヌーを人に譲った。

短い付き合いだったが、いいカヌーだった。私の類《たぐ》い希《まれ》なる行動力を証明する貴重な品であり、次の人にはぜひ大事に使ってもらいたいが、今はそんなことより私が無事で何よりである。

一年一趣味

シュノーケリングが好きだ。

なぜシュノーケリングなのか。

実はそれには語るも涙の深い毛が生えているのだ、じゃなかった、深いわけがあるのだ。ここで、少し長くなりそうだけれども、その経緯を説明したい。

まだ二十代前半のサラリーマンだったころ、私は新しい趣味を開拓するため、アウトドアスポーツに次々と挑戦した。もともと一番の趣味は海外旅行だったのだが、サラリーマンになるとそうそう海外へ出かけてもいられない。それならば今後は週末でも手軽に楽しめる趣味として、アウトドアがいいのではないか。アウトドアの知識は旅行にも役立つし、さらに日ごろから自分には野性味が足りないと感じていたこともあり、一石三鳥ではないかとの判断であった。

アウトドアの趣味を持つことに決めた私は、何が自分に合っているかわからないので、片っ端から試してみることにした。毎年今年はこれというものをひとつ選び、並みいるアウトドアスポーツを次々制覇していったのである。

まず最初に挑戦したのは、カヌーだった。

これは前にも書いたので詳細は省くが、面白いかどうかどこかでちょっと試してから、などとやってるといつまでたっても趣味は定着しないので、さっさと高い金出してカヌー本体を買ってしまって、何の知識もないままひとりで川へ乗り込んだ。そうして次々と川や湖を撃破の末、最後は穴のあいたカヌーを心静かに人に譲ったのであった。

カヌーの次は、雪山に挑戦した。

それまで雪山登山など一生縁のない世界だと思っていたが、実際にやってみると、まったくそのとおりだということがわかった。ふつうに崖を登るだけでも大変なのに、氷点下の極寒気象条件のなか、雪ですべりやすくなった崖を、スキー靴そっくりの大雑把な靴で登っていくのである。靴デカすぎるだろう、どう考えても。足が引っかからんちゅうねん。

私は趣味を探しているのであって、人間の限界に挑戦しているわけではないので、すみやかに撤収した。

テレマークスキーというちょっと変わったスキーにも、自腹で道具を買って挑んだ。

これは通常とちがい、かかと部分がはずれるタイプのスキーで、ひざの屈伸運動を利用してすべるようになっている。スキーの裏に切り込みがついているため、履いたまま斜面を登ることができ、ゲレンデでない場所でもどこでも山中を歩き回って楽しめるという優れた代物であった。

ただしそれは、あくまで屈伸すべりをマスターすれば楽しめるということであって、最初から楽しめるわけでは全然なく、しかも下っているときは屈伸運動を続けなければならなくてしんどいのである。スキーのくせに下りがしんどいとはどういうことか。では登りが楽かといえば、登りもしんどいのである。ふざけてはいけない。そもそもポンプのように上下動しながらゲレンデをすべり降りる姿は、野性的なムードとはほど遠く、検討の結果、丁重にご辞退申し上げることにした。

こうして次々と並みいる強豪アウトドアスポーツを撃破し、ひとつも身につかなくてうんざりしていた私であったが、やがてようやく、これは、というものに出会った。

私が見つけた究極のアウトドア、それは沢登りである。

沢登りというのは、滝を登ったり、淵に飛び込んだり、ときにはなめらかな滝をすべり台にして遊んだりしながら、川の最初の一滴を見極めにいくという豪快なアウトドアスポーツだ。もともとマイナーな山のスポーツのなかでも、とりわけ誰も知らないが、太陽がカンカンに照りつける夏の日など、冷たい水の中をバシャバシャ歩いていくのは強烈に気持ちがいい。

私は、先輩に初心者向けの沢へ連れて行ってもらいながら技術を習得した。基本をマスターすると、やがてだんだん大きな沢へも連れて行ってもらえるようになった。奥多摩や丹沢辺りのこぢんまりした沢と違って、日本アルプスや谷川連峰などにある沢は、明るく豪快で、源流部へ行くにつれ知られざる美しい湿原が広がっていたりして、まさに桃源郷のようである。沢登りを始めてみてわかったのだが、日本には、ひとたび山に入れば、素晴らしい自然が膨大に残っており、高さ一〇〇メートルを超える大滝など、実はいくつもかかっている。もちろんそんな滝を登ろうとは思わないけれども、登山道を登るのと違って、沢登りではそんな大自然を独り占めできるのが魅力であった。

こうして技術面でもこれまでになく向上した私は、今後沢登りを第一の趣味として野性的に生きることに決め、とある週末、群馬県の沢へ出かけたところ、途中から川が大雨で増水して、死にそうになった。

天気予報によれば、「週末の天気はなかなかのものでしょう」とのことだったのに、沢の途中で一泊し、朝起きたら大雨だったのだ。それもただの大雨ではない。豪雨といってもいいような激しい雨で、それまでは膝下ぐらいまでしかなかった沢の水が腰ぐらいまで増水し、そのまま放っておくとますます水かさが増して、遭難しそうな状況だった。

アウトドアは自然が相手なので、ときには厳しい場面に遭遇するのは当然だが、こんなのはさすがに尋常ではない。ほんの小さな滝だったものが、ダムの放水みたいにどわどわの濁流になっている。といって引き返すわけにもいかず、仕方ないから、そのまま沢の横の崖をトラバース（横移動）して進むことにしたのだった。

まったく本来なら沢の中をバシャバシャ歩いていくはずの楽しい遠足が、思わぬ惨事である。こっちは趣味でやってるんだから、そっとしておいてほしいものだが、そんなことより沢の両側は崖になっていて、道がなかった。しかも表面が笹のようなツルツル滑る草で覆われていて、足をかけるところもなかった。しかたないからその崖を、両手で草の束をつかんで腕力でトラバースした。簡単に言えば、全身でカタカナの「ヒ」の形になって壁を伝っていったわけだ。

いまだかつてこんな趣味があっただろうか。

体を支えているのはただの笹の束であり、それがゴソッと抜けたりしたら足場はツルツルだから一気に濁流にのまれていくだろう。もし流されたら、下流は滝の連続なので、間違いなく死ぬのである。

何の因果でこんな生命の危機に晒《さら》されなければならないのか。しかも体は「ヒ」の形。趣味なのに、ちっとも楽しくない。

結局、われわれは途中から強引に尾根に登り、やっとの思いで濁流の危機を切り抜けた。

と思ったら、今度は尾根にものすごい突風が吹いていて、片足をあげただけでふわっと谷に落ちそうになったりして、へろへろになってなんとか避難小屋にたどり着き、ラジオを取り出して天気予報を聞くと、

「群馬県地方に大雨洪水警報が出ています」

って、ふざけてはいけない。野性的とかいうレベルの話ではない。どう見てもこの場合は、趣味じゃなくて、災害なのであった。

こうして私は、大雨洪水警報の濁流をただ無意味に登って、奇跡的に生還し、沢登りから撤退した。

このころになって私は気づいたのだった。

私がこうして決死の野性化工作をしている間にも、会社の同僚たちは街へくりだして着々と女の子をナンパしたり、合コンに明け暮れたりして楽しそうなのである。私はいったい何をやっているのだろうか。なぜみんなが楽しんでいるときに、自分だけ濁流にのまれそうにならなければいけないのか。

ということで、野性は野性でも、そんな全面ドロドロの野性ではなく、都会的な野性、言ってみれば男のオフとでもいえるような、そういうような野性化を目指す方針に転向した。

やみくもな野性化は、女から遠ざかる一方である。目指すは男の休日だ。

ちょうど時代は、サラリーマンが、オンとオフの切り替え、みたいなことを言い出したころでもあった。人間仕事一筋ではダメだ。できるビジネスマンは仕事も遊びも両方こだわっている、オンとオフ使い分けられる男エライ、というような価値観が急激に広まっていたのである。

そこで次に私が思いついたのが、マウンテンバイクだった。

マウンテンバイクなら、れっきとしたアウトドアスポーツだし、同時に都会でも楽しめ、濁流にものみこまれない。そして何よりさりげなく男のオフ的な匂いがするところがいいではないか。

私は速攻で男のマウンテンバイクを購入した。ちょうど同じ時期、寮で隣りの部屋だった同期のサカモトも、世間一般の風潮にこともなく流されてマウンテンバイクを購入していたが、それはあくまでミーハーなマウンテンバイクであって、同じ時期に購入しているからといってこれらを混同してはならない。

さて、あるとき私は、このサカモトと連れ立って、マウンテンバイクで三宅島を一周してみることにした。

三宅島には、当時浜松町の日の出桟橋から船が出ていて、金曜の夜に乗れば土曜の早朝に着き、そのまま日曜の昼まで遊んで帰れた。今のような長い噴火活動をおこなう数年前のことで、まさにサラリーマンのためにあるとしか思えないナイスな島だった。

　さっそく日の出桟橋から「すとれちあ丸」に乗って、早朝の三宅島錆ケ浜港に上陸。走り出してみると、島は坂が多かった。

　一周道路なんだから、ずっと海沿いを走ればそんなにアップダウンしなくていいだろうと思うのはまちがいで、海際が断崖絶壁であれば、道は高くあがらなければならず、そこらじゅうに坂がある。ほとんど坂しかないと言ってもいいぐらいである。しかも一挙に何百メートルと続く坂も少なくなかった。

　そこでマウンテンバイクが真価を発揮した。マウンテンバイクは、オフロード用の乗りものであり、ふつうの自転車ではつらいだけの長い坂も、二一段変速の利点を生かして、颯爽と登り切ってしまえるのだ。それまで都内の平坦な道路しか走ったことのなかったわれわれは、都会ではマウンテンバイクの性能を引き出しきれないという不満をつねに胸に抱いていたので、かえってこういう長い登り坂があればあるほど闘志が湧いた。

　そうして燃える気持ちで距離にしてだいたい三〇メートルぐらい登ると、突然気が変わって景色を楽しみたくなり、そこからマウンテンバイクを降りて、押して登った。不満は嘘のように消えていた。三宅島の素晴らしい景色のおかげだと思う。

結局、三二キロだから、のんびり走っても三、四時間かな、と思ったら七時間半もかかった。ひとえに三宅島の素晴らしい景色のおかげというか、ダイナミックな自然のせいというか、島のくせに坂が多すぎるのではないか。

あくる日は、タクシーにマウンテンバイクを積んで、当時標高八一五メートルの雄山山頂まで登った。なぜ自力で登らないのか、という意見もあろうが、初回からそんなに無理をしては新品のマウンテンバイクがかわいそう、という判断である。

山頂から颯爽と林道を下る。さわやかな潮風を浴びながら、ああ、男の趣味はやはりこうでなくてはいけない、やっと見つけた本当の男のオフだ、と思ったら、下る途中、カーブで突然現れた車を避けようとして転び、そのままマウンテンバイクを巴投げしてしまって、なんちゅうこっちゃ。

さらに、通りすぎていく車の中には、若い女性グループが燦然と輝きながら乗っていて、マウンテンバイクを巴投げした野性的な私を、呆れ顔で見下ろしていた。かえすがえすもなんちゅうこっちゃ。

こうして一連のたゆまぬ努力の結果、最終的に私が到達したのが、シュノーケリングという究極のアウトドアだったというわけである。

それはアウトドアではなくてレジャーではないか、という意見もあろうが、なにしろカヌー、雪山、テレマークスキー、沢登り、マウンテンバイクを次々撃破したうえで到達したシュノーケリングであって、並みのシュノーケリングとは年季が違う。その円熟味たるや言葉では尽くしがたいほどだ。今では私は、これを海外旅行をもしのぐ男の趣味として認定し、ときどき南の島のトロピカルなビーチで、全力をふりしぼってプカプカ浮いている（あまり力を入れすぎると固くなって沈むので注意が必要）。

とくに誰かに確認したわけではないが、その姿は、とても野性的でナイスだとの噂である。

やっとババ

メキシコに行ってきたのだった。

アジアばっかり旅行してきた私なので、初メキシコである。スペイン語ができないと全然だめだと聞いていたが、これほどまでとは思わなかった。ワン、ツー、スリーまでは英語も通じたが、フォー以降はあんまり通じなかったり、トイレも通じない。アルファベットも読み方が違って、JがHで、Hは読まず、YがJだったりして暗号のようである。おかげでメキシコシティで人類学博物館へ行こうとして標識が読めず、道も聞けないので、見当違いの方向へ進んで、謎の公園をおおいに散歩した。

人類学博物館は、しかし素晴らしかった。

ティノチティトランだのテオティワカンだのトルテカだのアステカだの、どれが何テカだか詳しくは覚えていないが、多くの神像に強い感銘を受けた。神像だけでなく、壺とおっさんが合体していたり、やたらチンポコでかい戦士、巨大なナスなど味わい豊かな出土品ばかりで、もし自分が生まれ変わって考古学をやるならこの地域だと確信したのである。帰国後に調べたところ、中南米の古い壺には、おっさんだけでなく、鹿や鳥、よれよれのお婆さんからキノコモルグみたいな怪人まで好き放題に合体しており、なんでもかんでも壺といっしょにするのが一〇〇〇年ぐらい前に大ブームだったようだ。来世の私は、この壺中心に研究しようと思う。

メキシコシティの他にはグアナファトを訪れた。

ホテルのフロントのおっさんに、チェックインのとき、ムーチョハポネスと言われ、ハポネスは日本人で、ムーチョは知らないけど、何となく筋肉質な発音であるし、たくましいとか凄い日本人という意味ではないか、いえいえ何をおっしゃいますやらそれほどの者ではありません、と謙遜《けんそん》しつつ調べてみると、筋肉は全然関係なくて、たくさんという意味であった。関西弁の「むっちゃ」が語源と思われる。「日本人むっちゃ来てるで」とおっさんは言ったのだ。

日本人にも人気のグアナファトは、某ガイドブックによるとメキシコ一美しい高原の町だそうである。高原の静かな風情を満喫しようとやって来たが、静かどころか深夜二時ぐらいまで大音量の歌声が聴こえたりして大騒ぎであった。

聞けば、お祭りだそうで、そういえば街中に観光客があふれ、通りも派手にデコレーションされており、街全体がウキウキと盛り上がって、見るからに心がざわついて面倒くさそうである。祭りというのは、縁日だけならいいが、パレードとワッショイがどうにも面倒くさい。さっさと切り上げて今回の最終目的地バハ・カリフォルニアへ向かうことにした。

バハ・カリフォルニア。

ずっと以前から私はバハに思い入れがあった。

サラリーマンの頃カヌーを持っていたのだが、アウトドア雑誌でカヌーに関する記事をむさぼり読んでいたときに、バハ・カリフォルニアの写真に出会ったのである。

『バハまる漕ぎ』と題したその特集記事には、荒涼とした大地に囲まれた、エメラルドグリーンの入江に、ポツンと浮かぶシーカヤックの姿が載っていた。海と空と陸とシーカヤックを除けば、そこにあるのはサボテンぐらいだった。その太古の地球のような何もない光景を見た途端、私は思わず興奮し、いつかここでカヌーせんとや生まれけむ、と原典不明の熱い決意を固めたのであった。

以来ことあるたびにだんだん忘れ、五年もたてばさっぱり忘れ、カヌーも人に譲って、熱い決意はどうなったのか。そしてそんなことより一五年たった今、私の趣味はシュノーケリングに移り変わって、バハの海中はどうなんじゃ、とむしろ別の興味を持ってやってきたわけである。

ここで私のシュノーケルにおける嗜好について少し触れておくと、私はシュノーケルしながら海の生き物を見るのが好きだが、見たいのは熱帯魚でもイルカ・クジラのような水棲哺乳類でもなく、ヒトデやイカやクラゲといった変な形の生き物である。バハにはどんな変な生物がいるだろうか。太古から生き延びた謎の三葉虫的生物や、巨大オウム貝といった珍しい生き物がいるのではないか。あるいは壺と合体したおっさんは海中に実在するのではないか。

と、期待をかけつつ、バハの海辺に出てみると、まずペリカンがいた。

私はペリカンについて何も知らないが、漠然とアフリカにいるものと思っていたので驚いた。ペリカンは見た目がなんとなく原始的で、太古の生き物という感じがする。やはりバハはアジアとは全く違うジュラシックな生物圏であることを確認し、水中への期待も高まったのはいいんだけど、海面にプカプカ浮いていたペリカンが、いきなり飛び上がってクチバシから海に突っ込んだりして獰猛《どうもう》である。魚を捕っているようだが、捕ったときはあの大きなクチバシに貯めて膨らませるのかと思ったら、そのままごっくんと飲み込んでいた。ペリカンらしくないぞと思ったが、ともかく、シュノーケリング中に、背中に突っ込んで来ないことを祈る。

さてシュノーケル。

バハの水中は貧相だった。

変な形の生き物の多くは、サンゴ礁に生息しているのだが、バハにはそのサンゴがあまりなかった。当然生物も少ない。サンゴ礁は海流の関係で、主に大きな海の西側で発達すると聞く。タヒチにサンゴ礁が少なく、沖縄や東南アジアに多いのもそれを裏付けている。とするならば必然的にバハにはサンゴが少なく、したがって生き物も少ないのは当然である。ラパスという町のビーチで泳いだが、岩の穴でタコを見たぐらいである。シュノーケルツアーのチラシを見ても、シーライオンのいるポイントへ連れて行くツアーばかりだ。シーライオンとはアシカのことで、全然興味がない。

しかし、実際シーライオンでも見る以外になく、そういうことなら贅沢言わずに、まあ行ってみることにした。

ボートに乗ってシーライオンのコロニーまでは、一時間半の道程である。ボートから見る景色は東南アジアやミクロネシアの海とは全然違って、ほとんど緑のない禿《は》げ山ばかりであった。こういう緑の少なさも生き物の種類が多くない原因かもしれない。岩だらけの真っ白い小さな島があり、珍しい色の島があるものだと思ったら、近づくと鳥の糞だらけなのだった。たどりついたシーライオンのコロニーも、海中に突き出た岩が真っ白で、これが全部鳥の糞かと思うと、海に入るのがためらわれる。

コロニーの岩にはところどころアシカが寝そべっていて、ボートで近寄って見ると、結構大きな動物だった。まったくやる気が感じられなかったが、時おり気がついたように空に対して、オウッオウッ、と言っていた。そんなのと泳ぐのがこのツアーの主旨らしいが、いっしょに泳ぐにはでかすぎるのではないか。だいたい咬《か》むんじゃないのか。

「シーライオンは咬むのか」とガイドに尋ねてみると、「こちらから手を出さなければ咬まない」という。全然信用できないが、しょうがないから海に入り、シーライオンに肉薄した。

シーライオンは水中にもいて、水族館にありがちな感じでぐるぐる泳いでいた。すばやくなめらかな動きである。人間ほどの大きさもある巨体で、好奇心いっぱいに目の前三〇センチぐらいまで寄ってきて、咬むんじゃないか咬むんじゃないか。実際、二匹のアシカが互いにじゃれて咬みあいながら泳いでいた。普段から咬んでるみたいだ。そういうことなら私は特に長居するつもりはないので、ほかに変な生き物はいないか海底をあれこれ探すプランに変更したが、やはりここも岩ばかりでさほどの生き物はいないのだった。

シーライオンを観察していると、目が犬のようだし、じゃれて咬みあうなど、シーライオンというよりシーケン（犬）というべきではないか、と考えた。

なんとか海の猛獣を撃破した私は、シュノーケリングはもういいので趣向を変えてＡＴＶツアーに参加した。

ＡＴＶとは四輪駆動のサンドバギーのことで、それに乗って砂丘やブッシュの中を走り回るツアーだ。集合場所へ行ってさっそく運転方法を教わると、英語だから半分ぐらいしかわからず、しかも白人たちがやたら質問していて難しそうだ。ああ、もう全然わからん。英語ができる白人はいいな、と思い詰めつつ運転してみると別に問題はなく、白人たちがドカドカぶつかって、もめていた。

ＡＴＶに乗って砂丘へ出かけ、ばんばん乗り回す。広大な砂の斜面や、サボテンの間を抜けてブッシュのダートコースを走るのは、とても爽快だった。バハに来たら、この広さを味わうのが何よりだと思い、ようやく一五年におよぶ途中忘れてたけど積年の宿題を達成した気になったのである。

聞くところによると、メキシコには、砂漠の中に忽然と、無数のものすごく透明な池が湧き出している場所があるらしいので、そこでシュノーケリングするのを次の宿題としたい。

ゴージャスなミックスパーマにしましょう

三度目の台湾旅行で、はじめて台北近郊を離れ、台中、高雄、膨湖島《ぼうこ》へと足を伸ばした。台北では目立たなかったが、台湾の人は本当に優しい人ばかりで感動した。

布袋大仏を見に行こうと思い、台中駅前でバスを探していると、見知らぬ若い兄ちゃんが英語で、どこへ行きたいのですかと話しかけてくれたのである。ああだこうだ言っていると、切符売場の女性がわざわざドアから出てきて、乗り場はここではなく、この道をこう行ってこう曲がる、と身振りで教えてくれた。そこへおっさんが手招きし、そばに寄ってみると、バスの運転手にこれを見せよ、と紙をくれ、そこには「宝覚寺でこの人を降ろせ」と書かれていて、「台中バスターミナル副駅長陳振豊」とハンコまで押してあるのだった。

さらに親切はつづく。

見つけたバスの運転手に紙を見せると、バス停じゃないところで停めて、あの細い道をこうだ、とこれまた手振りで近道を教えてくれ、気がつけばバスの乗客もいっしょになって、「こう行って、こう」と一斉に同じ手つきをする。

観光した帰りにバスを拾い、これは夜市へ行くか、と運転手に尋ねると、「21番に乗りなさい」と教えてくれたので、またバス停で待っていると、「おおい！　あと102番も行くぞ。1、0、2だあ！　聞こえるかあ！」と今の運転手が少し走った先でバスを停めて、こっちに向かって大声で叫ぶではないか。

みんな、なんて優しいんだ。寄ってたかって親切じゃないか。

感動しつつホテルに戻ると、エレベーターで乗り合わせたおっさんが、日本語で話しかけてきた。「台湾人は日本人がとても好きなのです」。そうなのか。そして部屋までついて来ては、でかい袋にいっぱいの、ふりかけをくれたのである。「さあ、これを食べなさい。私はもういらないから」。見れば、封の開いた食いさしだ。悪いけど、それは迷惑なのだった。

さて話はかわるが、台湾で、変な本を見つけたので報告したい。タイトルを『新新人類流行日語』と言い、台湾の人向けの携帯用日本語会話集なのだが、副題にいきなり「日本語でラブラブ」とついていて、気になったので買ってしまった。新人類にさらに新がついた、最近の若者ことばの会話集である。

さっそく内容を紹介すると、例文にいきなりこんなのが出てくる。

「ほっておくと、陰気になります」

どんな会話や！　と思えばこれは、たまごっちのことであった。ああ、びっくりした。ちょっと古いけど、そんなことまで会話集に載っているのか、とまず感心した。

「彼と私は、二人とも象です」

何言ってんのか、頭悪いんじゃないのか、と思ったらこれは動物占いのことを言っているらしい。よくぞそんな細かいネタを取り上げたものだ。さらに、

「彼女はなにわのカリスマ主婦です」

と、〝なにわ〟まで載ってるのはさすがで、とても深い。他にも、

「モラルのない人間は人間じゃないと思います」

というシビアな例文や、

「竹中直人がしぶいです」

とマニアックなものまであって、かなり食い込んだ内容になっているのが、この本の特徴である。それはまあいいことだ。何も問題はない。しかし、もっと長い例文を見てみると、

A「彼と、エッチとかすることある？」

B「うん、たまに」

A「避妊してる？」

B「彼が、めんどくさいって」

A「じゃあ、OK。ピルを使えば?」
B「そうしようかな」
　って、いいのか、そんな内容を載せて! しかもざっくばらんだ。一体何の本なんだ。よくぞここまでさりげない日常会話が、と驚くと同時に、こんな本を携帯して実際に使う場面があるのかと不審に思った。外国の人に会話集見ながら「エッチとかすることある?」なんて聞かれたくないものだ。それこそが新新人類の会話ということなのであろうか。さらに、
A「ねえ」
B「うん」
A「どこかで会ったこと、なかったっけ?」
B「そんなことないでしょう」
A「お茶でもどうですか?」
B「けっこうです」
　も、どうかと思うぞ。ネタのさりげなさは認めるが、こんなのちっとも役に立たないのである。だいたい断られてるじゃないか。もっとうまくいくほうの会話を教えよ、と男なら思うだろう。会ったことないって言われてるのに、「お茶でも」と突然転調するところに断崖のような無理がある。返事なんか聞いちゃいないのだ。まあこれは会話集なので、ナンパの

テクについてはどうでもいいが、本当に真剣な会話集なのかおおいに疑問が出てきた。さらに見ていくと、こういう例文もあった。

A「もう我慢できないわ」
B「おれがどうしたっていうの」
A「このままじゃ、私はだめになっちゃう」
B「わけを言えよ」
A「とにかく満足できないの」
B「本当のことを言ってくれよ」

ドラマだ。メロドラマになっている。会話集というより何かの脚本ではないのか。ついでに、もうひとつ。

A「別れましょう」
B「なんで？」
A「だって、このままでは夢がなさすぎるもの」
B「夢より現実だと思うけどなあ」
A「別れてもあなたのことを決して忘れない」
B「本当に別れるの？　お願いだからやり直そうよ」

一体何の会話を教えているのか。しかも、どれもうまくいってない。台湾人と日本人の間にはそんなにも深い溝があるのか。こんな会話したくないぞ。会話集見ながら「だって、夢がなさすぎるもの」とか言われたくない。会話の真実味を追求するのはいいが、もっと旅で役立つことを載せてはどうか。

例文でなく、紹介されている単語にも目を見張るものがある。例えば「ウーロン茶」といって何かと思えば、ロン毛で茶髪のうざい人のことらしい。そんなの日本人の私も知らなかった。さらに「ドレミ」はどれ見てもブス、「ソラシ」は目をそらしたくなるブス、「GBN」はゲロブスネットワーク（ブス大集合）、「超SW」は、めちゃめちゃ性格悪い、の意味だそうだ。知らない間に日本中ブスだらけになっているような気がしてきた。

A「学校は、どう？」
B「先生がうるさくて、ムカつく」
A「家は？」
B「お母さんがうるさくて、ムカつく」
A「じゃあ、どこか遊びに行こうか？」
B「行こう、行こう」

どうも台湾から見る日本はろくでもないことになっているのではないか。さらには援助交

際という章までわざわざ立ててあって、
A「友だちに援助交際やってる人いる？」
B「うん」
A「どう思う？」
B「他人ごとだから、どうでもいい」
みたいな会話が収録されている。どうなんだ一体。
A「やっとプレステ2を買ったと思ったら……」
B「どうかしたの」
A「店を出てすぐにひったくられちゃったよ」
B「そんなあ」
A「それだけじゃなくて、財布もいっしょにとられちゃった」
B「ついてない日だねえ」
ついてない日じゃないだろう。警察行けよ、警察。何やってんだ。まるで、日本だからしょうがない、みたいなムードじゃないか。ひょっとしてそうなのか。台湾から見れば日本はもうそうなのか。おお、日本はいつの間にそんな国になってしまったか。
この他にも、「キレる」「終わってる」「死んでる」「いってる」「こわれてる」「借りぱく

（借りたままパクる）」など、もちろんそんな単語ばかりではないけれど、『新新人類流行日語』は全体に日本の傷口をえぐる痛い会話集になっているのだった。たしかに現実はそうなのかもしれない。最近の日本は暗いニュースばかりである。会話集ひとつで、なんかげんなりだ。日本は大丈夫なのか。日本は世界でも指折りの治安のいい平和な国だったはずじゃないか。

A「最近、どう？」
B「忙しくて」
A「何か楽しいことあった？」
B「別に」
A「元気ないの」
B「何だか疲れちゃって」

このへんまでくると、台湾の人も、もう日本に行きたくないのではないか。

そんな落ち込む中、私はふと小さな例文に目を止めた。それは『美容院での常套句』のページの下のほうに、ひっそりと埋もれていた。意味は間違ってないんだろうけど、この本の中で見ると、なぜか心洗われるひとことだったので最後に引用して終わりにしたい。その例文はこうだ。

「ゴージャスなミックスパーマにしましょう」

そうだ。日本人よ。つらいときは、ゴージャスなミックスパーマにしましょう。

ラスベガスで沈着冷静だった件

　ジェットコースターの取材でアメリカへ行ったついでに、同行していたI氏とともにラスベガスのカジノに立ち寄った。カジノは取材対象ではなかったが、ラスベガスには高さ二八〇メートルのタワーがあって、その屋上にフリーフォールがある。そのフリーフォールをメインに取材しつつ、さらに広い視点で総合的にラスベガスの真実に迫ったわけである。

　といっても私はカジノなんてものはまったく信用していない。ギャンブルなんて、絶対に客が損するようにできている。そうでなければ成り立たないのである。

　だいたいラスベガスがこれだけ発展しているのも、つまりは観光客が負けまくっているからであり、たまに何十億円当てた人なんかがテレビに出てたりするのも、真実かどうか疑わしい。ああいう白人は全部着ぐるみの可能性もある。

　日本でもパチンコや競馬など勝つのはきまって最初だけだ。はじめに少しだけ儲かって、お、これはいけるのではないか、自分はまれに見るラッキーボーイなのではないか、と思ったらそれは既に敵の罠《わな》にはまっているので、負けが込んでもいずれあのときのように挽回できる日がくると思わせて、そのままどんどんつぎ込ませるのが狙いである。

鋭い私はそういうことがわかっているから、カジノをカジノと思わず、遊んだ分だけ金を取られるゲームセンターだと考えるようにして、最も安い五セントのスロットマシンで時間を潰《つぶ》すことにした。

ラスベガスのホテルには、どこもカジノが併設されていて、その空間のほとんどがスロットマシンで埋め尽くされているが、マシンには一回五セントのものから、二五セント、一ドル、五ドルの台などさまざまなタイプがあり、私のような教養ある賢明でハイソな客ほど安い台で遊ぶことになっている。

台の上には電光掲示板があって、私の台にも六〇〇〇ドルだか一万ドルだか、もし大当たりが出ればもらえる金額が提示されており、ラスベガス中でつぎ込まれる金の総額に従って、見ている間にもどんどん数字がつりあがっていた。

チンジャラジャラというコインの音と、騒々しい音楽の流れる中、I氏と私は手分けして金を捨てることにした。しばらくやっているとカップに小銭をいっぱいにしたI氏が現れ、うれしそうに私の前でじゃらじゃら振ってみせた。

「一〇〇枚とりましたよ」

などとなんだか得意げに語っている。

何を言うか。

それこそが罠だということを氏はわかっていないのである。私のほうはちっとも出ないが、むしろそれは私が罠にはまっていないことを示しており、大局的に見て私のほうが有利に展開している証拠である。なので私はI氏がどれほど儲かろうとまったく動じることなく、ちっとも出ない台を移動した。

一度に五セントしか賭けていないのに、いつの間にか五〇ドルぐらいなくなっていた。予定より少し速いペースだが事態は順調に推移している。これが一ドルの台だったらどうなっていたか。一〇〇〇ドルも損した計算になり、したがって差し引き九五〇ドル今儲かっていることになる。

そうこうしているうちに、一〇〇ドルがなくなった。一進一退の攻防だ。

どのへんが一進なのかという意見もあろうが、容赦なく攻めてくる敵に対し、五セント玉で被害を最小限に食い止めている。

ここで、それなら何もしなければ、その一〇〇ドル分儲かっていたのではないか、と考えるのは間違いである。ラスベガスでカジノを訪れないわけにはいかないのであり、訪れた以上は被害を最小限に止《とど》めれば作戦勝ちと言えるのである。

あれよあれよという間に一五〇ドルまでヘコんだあたりで、遠目にI氏が静かにフロアに立ち尽くしているのが見えた。氏は全力をふり絞って最後まで戦いをまっとうしたようだ。

「〇〇ホテルのほうが出たような気がする」などと小さいことを言っていた。

と、そのときのことだ。

私は中華風の絵柄のスロットマシンで戦っていたのだが、なんだか金色の饅頭《まんじゅう》のような八ツ橋のような得体の知れないものが五つそろったかと思うと、一挙にカウンターが跳ね上がった。それまで一〇とか二〇だった数字が、一二〇〇というものすごいことになっている。

おお、なんだこれは。ただごとではないぞ。

かつて私は血液検査で、通常は二〇ぐらいであるべきGOTという数値が一三〇〇ぐらいに跳ね上がって、医者に「これはただごとではありません」と言われ入院した経験がある。数値的にはそれぐらいただごとではない。

思わず換金ボタンを押したところ、台の上の赤いランプが点灯し、係員が飛んできた。そして、

「コングラッチュレーション」

と言いながら、何か札のようなものを立てたのである。

出た！　大当たりではないか。なんと、本当に出てしまった。信じられん。

思わずアメリカなのに「グラッチェ、グラッチェ」と感謝の言葉をつぶやいていたのは、

コングラッチュレーションの影響か。

周囲の観光客たちがうらやましそうな視線を送ってくる。

まさかとは思っていたが、私はやったのだ。私はまれに見るラッキーボーイの可能性がある。そんなことになるんじゃないかと思っていた。

やがて係員が現金を持って現れ、私はついに大富豪への道を大きく踏み出した。緻密な作戦と類い希なる幸運の、その両方を兼ね備えた私だからこそ起こりえた展開と言えよう。グラッチェ、グラッチェ。

さっそく渡された金を数えてみると、なんと紙幣で六〇ドルもあった。おお、六〇ドル。そんな大金初めて……ん？　六〇ドル？　六万ドルの間違いではないか。

五セント×一二〇〇枚だぞ、ちゃんと計算しろよ、どうして六〇ドルなのか。頭おかしいんじゃないかと思ったが、この幸運の波を逃さないうちに、私はすばやくスロットマシンからルーレットへ移動し、突如勝負に出ることにした。

こういうときはガタガタ言ってないで、一気にたたみかけることが大切だ。

ルーレットは四テーブルほどあり、掛け金が最低二五ドルから、となっていた。五セントから二五ドルは大いなるジャンプであるが、このツキを逃してはならない。やるときはやるのである。

テーブル横の電光掲示に過去の出目が表示されており、あるテーブルで黒黒赤黒黒赤黒黒赤と妙に連続して出ているところがあった。黒黒赤が三回続いている。この傾向が続くと次は黒が出るところだが、確率論的にいってそうそう同じことが繰り返されるはずはない。思い切って赤に五〇ドル置いてみたところ、本当に赤が出てどーんと一〇〇ドルに増えた。おお、スゴいではないか。これは現実なのか。一瞬で五〇ドル儲かったぞ。やはり今私はきているのだ。これはみるみるうちに今回の旅行費用ぐらい稼いでしまいそうである。

もし無尽蔵に儲かったら、ジェットコースターだらけの遊園地をつくろう。デカいのが二〇台ぐらいある遊園地だ。それこそが今回の旅行への恩返しであり、星に定められた私の使命なのだと思いつつ、さらに怪しい出目を求めてテーブルの間を徘徊《はいかい》した。不自然に連続している出目があれば、しばらく観察し、ここぞというときにさりげなくディーラーに目をつけられないよう勝負するのがコツだ。

そうしてその後いろいろあって、私はつつがなくカジノを後にし、次の目的地ロサンゼルスへ飛ぶため空港へ向かったのであった。ロサンゼルスに、まだ取材すべきジェットコースターが残っていたのだ。

ルーレットはどうなったのか。なんだか突然ではないか。ジェットコースターだらけの遊園地は？　と思う人があるかもしれないが、私はもともと冷静沈着な大人であって、勝ち負けにはこだわらない寛容な性格が素敵と言われている。金のことで目くじらたてるのは、さもしい人のすることであり、五〇ドルや一〇〇ドルぐらい何だというのか。そもそも今回の旅はジェットコースター旅行なのであって、本質を見失ってはいけないのである。

ロサンゼルスへ向かう機内で、隣りに座ったアメリカ人のおっさんに、

「そうか、日本から来たのか、ラスベガスはどうだった、儲かったか？」

と話しかけられた。余計なお世話だ。

だいたい赤が七回も続くわけがないのだ。どう見たってイカサマに決まっているのである。

シュノーケリングでマンタを見に行く

石垣島へマンタを見に行った。

マンタというのは大型のエイで、正式にはオニイトマキエイという。イルカやジンベイザメと並んで、ダイバーに非常に人気のある大型海洋生物である。私は海に住む大型の生き物にはおおむね興味がなく、どちらかというとウミウシだのイカだのといった比較的小ぶりで変な形の生き物が好きなのだが、マンタは大きくても変な形なので前々から一度見たいと思っていた。なんでも石垣島では、秋になるとほぼ一〇〇％の確率でマンタが見られる場所があるそうだ。

といってもそれはスキューバダイビングの話で、シュノーケラーの私でも一〇〇％見られるのかどうかは謎である。すごく沖のほうとか深いところだと、シュノーケリングでは対応できない。

だが、実は石垣島に、同じシュノーケラーでJさんという知り合いがいて、彼によるとシュノーケリングでもマンタが見られる場所があるというのだ。そういうことならぜひ行ってみたく、さっそくマンタに肉薄すべく石垣島へ乗り込んだのである。

ちなみに、Ｊさんはもともと石垣島の人ではない。シュノーケリング好きが高じて、今年のはじめに神奈川から移住し、毎日のように八重山の海を潜りまくっている。まあ、なんというか、海のヒマ人である。海況がいい日は島の海岸線を車で走り、海へ降りられる場所があればビーチだろうが何だろうが片っ端から入ってみているのだそうだ。まだひと夏を越えただけだが、おかげで彼は石垣島の半分以上の海岸線を踏破し、ガイドブックにもどこにもないシュノーケル情報を独自に蓄積しているのだった。最終的には八重山諸島の全海岸線を調査探索するつもりのようなので、シュノーケラーとしては大変頼もしい人材なわけであるけれども、その前にどうやって食ってるのか不思議である。

「Ｊさん、どうやって食ってるの？」

とダイレクトに質問してみると、あまり多くは語らないのだが、

「株よ、株で食ってんよ」

とのことだった。

「石垣島で株？」

「そうね。ＡＤＳＬが引ける場所やったら、やれるからね」

つまりインターネットを利用して、石垣島に購入した自宅マンション内で株を売ったり買

ったりしているらしい。

「株はね、どーんと儲けようとか思たらあかんのよ。生活できるぶんだけね、一日一、二万も稼いだらそれでええんよ」

「損するときもあるでしょう」

「ほとんどないよ。大儲けしよう思うから損すんねよ」

「でも朝起きてみたら、どーんと下がってたってことはないですか」

「だから日を越えて持たんのよ。日を越えるとね、ニューヨークの影響とかで開いたとたん一気に下がる場合もあるよ。五〇〇万とかすぐ飛ぶからね。だからその日のうちに売ってしまう。一、二万儲かったらその日はしまいよ。家族もおらんし、それで十分や」

　そうしてJさんはどこにも属することなく通勤もなく、賭場の開く数時間だけ端末の前に座ったら、あとはすべて自由時間、という夢のような生活をしているのである。

「わしはね、がんばるとかね、将来何かを成し遂げるとかね、そういう生き方がイヤやったんよ。友だちが八重山行ったならサンシンでも習《な》ろてきかせてくれとか言うんやけど、もうそういう何かの練習とかもしたくないんよね。何もせんでも別にええじゃないか、なあ」

「じゃあ、株の売り買いと海に潜る以外、毎日何してるんです？」

「なあんも。うちはテレビもないし。日が暮れたらめっちゃヒマよ。テレビなんか見てると脳使わんようなるからね。そいで、こないだ、そうか日が暮れたら寝りゃええんや思て、さっさと寝たら夜中の一二時とかに目が覚めてまいったよ」

昨今、沖縄に移り住みたいという人が少なくないが、きっとみんなそういうのんびりした暮らしに憧れるのだろう。Jさんはまさに理想を実現してしまった人だが、現実的には沖縄は暮らしやすいところではないと言っていた。

「生活費が安くないからね。家賃とかも結構するよ。こっちは土地は安いけど、上ものが高いんよ。建築資材運んでこないかんでしょ。逆に給与水準は低い。職安とかいっても月収一二万ぐらいのしかないよ。だからみんなかけ持ちで夜も別の仕事するんよね。そうでないと食っていけんのよ」

そういう意味ではJさんはかなり幸運なパターンと言えるのだろう。そうして、幸運で、かつ退屈を持て余し、くる日もくる日もひたすら海に潜って、ついにシュノーケリングでマンタを見られるポイントを発見したのである。

そう。話はそれたが、マンタなのであった。

Jさんにさっそくマンタポイントまで連れて行ってもらうことにした。

石垣島は予想していたよりずっと大きな島だった。車で島の北側、有名な川平湾の先まで行き、草むらの中で道が途切れている場所で降りて歩く。何のためにこんな草むらまで道が続いているのかよくわからないが、草をかきわけて行く先には、まばゆいばかりの青い水平線がどおおおおんと展開していた。

「あの先に船が来てるやろ、あそこよ」

Jさんが指さす方向には、たしかに数隻のボートが何もない海の上に停泊しているのが見えた。

「あれはダイビングショップのボートで、あの下にマンタがいるんよ。川平石崎マンタスクランブルいうポイントで、多いときは二〇隻ぐらい来てるときもあるよ」

つまりJさんの言うシュノーケリングでマンタが見られるポイントというのは、ダイバーたちがマンタを見るポイントそのもので、シュノーケリングでそこまで泳いで行くというだけのことなのだった。

海上に比較するものがないので距離ははっきりとはわからないが、陸からの最短距離は四〇〇メートルぐらいありそうである。

四〇〇メートル沖！

私はシュノーケリングに来たのであって、トライアスロンやってんじゃないぞ。

だいたい、そんなところまで泳いでいって潮に流されたりしないのか。

「ここは潮はない」

とJさんは言ったが、いつもそうとは限らないではないか。沖へ出たばかりにうっかり黒潮につかまって北上しないか心配である。

本州の海でたまに熱帯魚が見られることがあって、そういうのはたいてい黒潮に乗って南の海からやってきたものであり、日本の海では越冬できないことから、死滅回遊魚などと呼ばれている。まだ生きてるのに死滅とか呼ぶなよ、と思うのであるが、そんなことより私も死滅シュノーケラーとして本州南岸に流れ着かないことを祈りたい。

泳ぎ出すと水中のサンゴが美しく、見とれながら進んだ。

一九九八年のエルニーニョ以降、世界のサンゴは大量に死んでしまい、モルジブに行ったときは浅場は全滅していたけれども、二〇〇二年の石垣はそれなりに生きているサンゴもあった。いいではないか、いいではないか、と思いつつさらに進む。

顔をあげると、船の遠さや離れていく陸地が心細い。なるべく水中に集中しつつ、それでも時々見ないと方向がずれるからチラチラ船の影を確認する。ちっとも船が近づく気配がないのに、陸はみるみる遠ざかっていく。おかしい。船動いてるんじゃないか。

やがてドロップオフといって、それまで三メートルぐらいだった水深が一気に深く一〇メートルになり、うねりも大きくなって心配である。もう半分は来たかな、来たに違いない、とか希望的に観測したりしながら、さらに深く青い水の上をまるで空でも飛ぶように進んでいった。といってもスピードはのろのろだ。これだけ岸から離れると透明度はかなりのもので、水深一〇メートルの海底がよく見える。何メートルでも足が立たないことに変わりはないのだが、よく見えるぶん深さが実感されて怖かった。

と突然、底のほうにダイバーが大勢沈んでいるのが見えてきた。泡の柱がそこらじゅうに立っている。マンタスクランブルだ。

おお、着いた着いた、やっと着いた。着かないのかと思ったぞ。

ダイバーたちはマンタを刺激しないよう、海底にじっとしてその姿が現れるのを待っている。われわれも、刺激しないよう海面でプカプカ待つことにした。

マンタはすぐにやってきた。

体長三、四メートルの黒いカーペット状のものが、ゆっくりゆっくり羽ばたきながら海底近くをぐるぐる泳いでいる。大きな口を開いて、その両側にひらひらした振り袖みたいなものがついて、なんというかオホホホふという感じだ。黒くてデカい姿がめっちゃ悪い奴のようだが、とくに悪くはないらしい。できればひっくり返して裏側も見たかったけれど、大きすぎてひっくり返すのは難しそうであった。

その意味ではスキューバだと裏側が見えるので、少しうらやましい。スキンダイビングで仮にがんばって水深一〇メートルまで潜って裏側を見たとしても、すぐ浮上しようと思ったらマンタが上にいるわけで、そうなるとマンタを帽子のように被って浮上するはめになって、珍妙かつひんしゅくである。

したがって今回はマンタを見られただけでよしとする。がんばって泳いだ甲斐もあったというものだ。それもこれもJさんのおかげである。ありがとうJさん。

しばらく見物したあと、適当に切り上げてまた何百メートルも泳いで陸へ帰った。往復するだけで一時間以上かかった。足つるかと思った。

「次は枝サンゴ行くか。すごい群棲してるとこ見つけたんよ。そこはダイバーも来てないよ」

「まただいぶ泳ぐの?」

「今度はそんなでもない。まあ沖へ一五分ぐらいかな」

今往復一時間泳いでまた往復三〇分、のべ一時間半も泳ぎっぱなしである。だからトライアスロンじゃないと言ってるではないか。さっき感謝したばかりで何だが、Jさんひとりで枝サンゴ行ってはどうか、と思ったのである。

与那国島プカプカ海底遺跡

日本最西端の与那国島に、謎の海底遺跡があるという。

私は日本の遺跡には以前からまったく興味がなく、復元された竪穴式住居というやつをどこかの公園で見たときは、このボソボソした巨大カツラ状の貧乏臭い物体はいったい何か、とおおいに考えさせられた。これが自分たちの祖先の仕業かと思うと情けなく、もっと真剣にやれと縄文人に活を入れたくなったほどだが、ああいう地味な古代遺跡と違って、海底遺跡と聞くと、俄然興味がわいてくる。

与那国の海底遺跡については本もいくつか出版されており、人工物とみて間違いないとする肯定派と、自然にできた地形に過ぎないとする否定派の間で、かみ合わない議論が続いているらしい。

たしかに写真で見るかぎりでは、どうにも人工物に見えるのであるが、写真というのは撮り方で何とでもなるので、実際に行って自分の目で確かめないことには何とも言えない。そこで私は与那国島へ行って見てくることにした。

石垣島から飛行機を乗り継いで到着した与那国島は、なんだか寂しいところであった。

周囲二一キロというから小さな島でもないし、道路もむやみにはりめぐらされているのだが、人影はまばらで、信号機もひとつしかない。八重山のほかの島々とちがって、黒潮がダイレクトにあたっているので潮の流れが速く、ビーチもあまり発達しないために海水浴客もほとんど来ないそうだ。

海底遺跡は、そんな島の南側の断崖絶壁の下に沈んでいる。

定説によれば今から一万年以上前には、世界の海面は今より一〇〇メートル以上低かったらしい。そうなると、その遺跡もかつては地上にあったわけで、もし本当に遺跡ならば一万年前にそれだけの文明をもった人間がここにいたという話になる。ということは四大文明の発祥よりもはるかな昔に別の文明があったことになって、これは大発見なのである。

琉球大の木村政昭教授が書いた『海底宮殿』という本によると、遺跡ポイントと呼ばれるその海底地形は丘のようになっており、そこに門らしき構造や階段、祭壇やプール、柱を立てたと思われる穴、亀らしきレリーフなどが集中している。丘全体は長さ二九〇メートル、幅一二〇メートル、高さ二六メートルあって、あたりは水深が二五メートルあるということだから、てっぺんは水面に出ているわけだ。私はダイビングはしないので、素潜りでどれだけ見られるかわからないが、上部はなんとか見えるであろう。ここまではるばる来た以上、本当に遺跡なのかどうなのか真実を解明して帰ろうと思う。

ところが現地についてみると、その場所は潮の流れがきつく、グラスボートで行くことはできるがシュノーケリングするのは危険だと言われたのだった。

たまに潮が止まるときもないではないが、年に数日しかないのだそうだ。では遺跡を見ることはできないのかというと、そういうときはグラスボートからワイヤーで引っぱってくれるらしい。なるほど。水面から見るだけにはなるが、少しは何かわかるだろう。真実を探究すべく、さっそくボートに乗り込むことにした。

与那国の海は港を出るといきなり外洋だった。青黒く重たい海が力強くうねっている。その海を海岸にそって四〇分ぐらい進んでいくと、やがて遺跡ポイント上の断崖が見えてきた。断崖は数十メートルあり、その下の海にかすかに岩が露出して波に洗われている。

今日は潮が南からあたってるようだ、と船頭さんは言った。日によって波も流れもちがうらしい。

ポイントに近づくと、

「海は大丈夫だね？」と船頭さんが尋ねてきた。

怖くないか、という意味のようだ。

「ここらへんは深いし、前にワイヤーつけて海に入ってパニックになった人がおってね。一応わたしの船では、一時間以上泳げて、五メートル以上潜水できる人というのを条件に海に入れとるんですよ」

「大丈夫です」

「今日は潮が巻いて、水中が洗濯機みたいになっとるからね」

え、なに、洗濯機？

やっぱり大丈夫じゃないかもしれません、と答えそうになったが、ここまで来て遺跡を見ずには帰れない。こうなったら洗濯機でも洗面器でも持ってこいだ。ガタガタ言わずに、どりゃあ！　と海に飛び込んだ。

海の中はものすごい透明度であった。

水深二五メートルの海底がはっきり見える。

浮遊物が何もないから、洗濯機のように渦を巻いているのかどうかもよくわからなかった。それでも体はワイヤーで船とつながっているので、とくに問題はなかった。

水中に目をこらすが、どこに遺跡があるのかちょっとわからない。なんとなく岩棚のようなものが見えた。やがて移動するにつれその岩棚に明確な直線があらわれ、ところどころ階段のようなものも見え、さらには三角形に切ったような岩も見えてきた。

おお、これが海底遺跡か！

ちなみに『海底宮殿』という本のなかでは、これは完全に人工物であると断定されているのだが、本の内容はところどころ素人目にもこじつけくさい部分があって、本当に遺跡だという確信が得られない。

たしかに直線とか階段とか三角形とか人工物のように見えることは見える。

しかし岩全体を見ると自然なところもかなりあって、そこに唐突に二段だけきれいな階段になってたりするのが中途半端な感じだ。

実はグラハム・ハンコックも新刊『神々の世界』のなかでこの遺跡に触れている。

グラハム・ハンコックは、かつて『神々の指紋』がベストセラーになったが、あまりに荒唐無稽なその論理展開に誰もが呆れたのだった。むかし地球の表面がぶどうの皮のようにズルッと回転して、大洪水が起きたとか言うのだ。しかも再び地球滅亡が迫っているとかいって、ノストラダムスみたいな話になっていた。たしかに科学的に考えればいずれ人類は滅亡するに決まっているが、宗教でも何でもことさらに滅亡を語るものは信用できない。

一方、今度の『神々の世界』はのっけからいきなり面白い。冒頭で前作を反省しているのである。いやあ、あんときはちょっと力んでたもんで、今度はちゃんとやります、みたいなことを書いている。なんじゃそりゃ。笑えるおっさんではないか。実際『神々の世界』ではこれまでのように一足飛びに結論づけるのは避け、なるべく丁寧に謎を解明しようとしているようだった。そのぶん読んでいてなかなか話が進まないのだが、与那国島の海底遺跡については、自然のものと主張する地質学者と一緒に潜水調査をし、客観的な結論を出そうと苦心していた。地質学者の結論は、ここにあるものはたしかに奇跡的ではあるものの、人間の力を借りなくても自然の力で生むことが可能だと思う、ということだそうだ。

なあんだ、じゃあ自然なのか。

話が終わってしまった。するとこうしてワイヤーで意味もなく船に引っぱってもらっている私の立場はどうなるのか。ただのマヌケではないか。

もちろん自然にできる可能性があるからといって人工でない証拠にはならない。しかし、人骨や土器でも出て来ない限り、現段階では人工説は分が悪い感じだ。

そもそも話はそれるけれど、考古学というもの自体、信用できないと私は思っている。

いつのことだったか、どこかの壁画か木簡に「田」と書いてあるものが出土して、これは漢字の起源がこれまで考えていたより古いことを示す貴重な資料だとかテレビで言っていた。「田」ぐらい落書きで書いた模様かもしれないではないか。頭に角のある人間の絵があると、これはシャーマンで、むかしこのあたりで何らかの儀式が行われていたという話になったりする。書いたほうは意味もなく人間に角生やしてみただけかもしれないぞ。落書きを真に受けてどうするか。

ピラミッドに関する最近の論議をみても考古学の常識というものは絶えず塗りかえられているようだし、そう考えると現段階で古代の歴史とされているもののほとんどは真実とズレているにちがいない。

そういうふうに考えていくと、一万年前にここに文明があった可能性もあるかもしれないしないかもしれないのだが、結局どっちなんだかわからないので、ここは私の独断ではっきりさせることにする。

結論、与那国の海底地形は古代人の遺跡である。

おいおい、話がちがうじゃないか、と思うかもしれない。しかし調べてもどうせわからないのだ。わからないなら、面白いほうに加担すべきであり、したがってこれは遺跡である。そんなこと言い出すと何でも遺跡になってしまうとお思いだろうが、そうなのである。かつて古代人がここにいたことは、私の嗜好に照らして明らかである。

中途半端に階段があったりするのは、つくりかけだからだ。まだ完成していないのである。やがて一万年ぐらいしてここが再び地上に出たあかつきには、古代人がどこからかやってきて工事が再開されるであろう。

インドの海底では九五〇〇年前の都市遺跡が見つかったらしい。そっちは土器も大量に出ていて確実なようだ。インド人なんかに負けたくないので、与那国も遺跡である。ここ日本にも一万年前の自然の岩棚、いや、海底宮殿があったのだ。あの貧乏臭いこれまでの竪穴式住居はフェイントである。まいったか。

そんなわけで一件落着だ。わざわざ来た甲斐があった。

異存もあろうがそういうことで話は終わりで、関係ないけど、船からワイヤーで引っぱられたのはなかなか面白い体験だった。別の人が引っぱられるのを見ていると、松方弘樹がテレビでやってたトローリングを思い出した。大きなルアーを流して、カジキとかが食いついてくるのを待つあれだ。与那国島には獰猛なハンマーヘッドシャークもいるというので、その人に何か食いつかないかなと期待したのである。

水中メガネは二度海ですべる

以前、小学館から『ウはウミウシのウ』というシュノーケル旅行記を出した。当初はそのまま『シュノーケル旅行記』という、工夫もへったくれもないタイトルを考えていたが、そんなマニアックな本を買う奴はいないと判断、味わいも足りないので、そのようなタイトルに変えたのだった。

何となくエッセイふうのタイトルになり、これなら書店入口付近のエッセイの棚に並んでどーんと売れるのではないか、売れない旅行書界から華々しいエッセイ界に解脱できるのではと期待したが、フタを開けてみると多くの書店で入口どころか旅行書界にも並んでおらず、書店の奥の奥、人跡未踏の生物専門書界にひっそり並ぶという、まるで幻の花ブルーポピーみたいな扱いになって、非常に不本意であった。

本のタイトルはとてもムズかしい。というような話は、まあどうでもいいのだが、今回もまたシュノーケリングの話。

私はもう一〇年近くシュノーケル旅行をしている。シュノーケル旅行というと、シュノーケリングでずっと泳いで回るのかと聞いた知人があったが、そんな不気味な旅行者はいない。シュノーケリングするために海へ行くのである。

はじめは何もシュノーケルが目的で出かけたのではなく、リゾートへ行って、これといってすることがないからシュノーケリングを始めたのだった。始めてみると面白く、すぐにハマった。簡単で金がかからないのがいい。

シュノーケリングを知らない読者がいるといけないので簡単に説明すると、水中メガネをつけ、口に筒（シュノーケル）をくわえて顔をつけたまま泳ぎながら水中を見物する、ま、男の海のスポーツというか、爽やかマリン・アクティビティというか、サルでもできるレジャーというか、海水浴場の隅っこでよく子供がやっている。

私も子供のころ水中メガネを買ってもらった記憶があるが、海に連れて行ってもらえないので風呂で使ってみたら、水中に何もいなかった。当たり前だが、小学生の好奇心はそれでは気がすまないから、自分の足とかオナラの泡とかを見物した。オナラの泡には臭いのと臭くないのがあることを発見したのもそのころである。

結局水中メガネはすぐに無用の長物となって、家の中で、足で踏んでツルッとすべってコケる、という演技をかまして弟の笑いをとるのに使おうと思ったら、ツルッとすべらずに、メシッと割れた。ギャグの方がすべったのである。会心のヒットになるという確信があったのに残念だった。しかもものを粗末にしてもったいないと親に怒られ、まったくもって不本意な水中メガネの最期であった。怒ってないで海に連れて行ったらどうなんだ、親。

それはいいとして、シュノーケリングで見て面白いのは主にサンゴのあるところなのだが、海水浴場やビーチから入ってサンゴの群棲に近づける場所はあまり多くない。本気でやるなら沖の小さな島へボートで渡ったり、リーフのあるところまで送ってもらう方が水中が充実している。

私はよくダイビングボートに便乗するが、結構揺れることに最初は驚いた。海に慣れていないとちょっと揺れただけで酔いそうになるし、不安である。フィリピンのパングラオ島にあるアロナビーチへ行ったときも、ダイビングボートに便乗したらこれがやたらに揺れて思わぬ災難に見舞われた。その災難たるや、思い出すのも恐ろしいので、ここに記す。

その日私は、沖のバリカサグ島でシュノーケリングすべくダイビングボートに乗ったのである。出発時の天候は快晴で、目的地までの約四〇分の船旅はまったく順調だった。

ところが島から帰る午後になると天候は徐々に悪化し始め、海にうねりが出て、もともとアロナビーチ～バリカサグ島間は、往路が追い風、復路は向かい風だったので、うねりと向かい風の相乗効果でボートは大幅に揺れた。

ボートは小さな漁船ぐらいの大きさだったと思うが、甲板に波が上がって、その波が船尾まで床をなめていく。それにあわせて、波しぶきがばああん！と散って日焼けした体を襲い、針のように痛い。空が晴れていればこんな海の状態でもさほど心配しないのだが、どんよりと雲が垂れこめて、よくわからないが嵐がくるんじゃないかと思って不安になってきた。

とにかく酔わないように遠くを見ていようと思うのだが、目を開けているとしぶきが飛び込んでくる。肌でさえ痛いのに、目に入ればなお痛い。しかも塩水である。

私はこれはたまらんと考えて、ふと、いいことを思いついた。

水中メガネをすればいいのでは？

船上ではあったが、私は水中メガネをかけることにした。そうすると目にしぶきは入らないし、くもり止めをしておけば遠くが見えて酔わないし、大変便利だ。素晴らしいアイデアではないか。

同じボートに乗っていた白人のダイバーたちが、そんな私を見て、

「オウ、ヒー・スティル・ダイビング（彼はまだ潜ってるよ）」

と言ってなぜかどーんとウケたのもうれしい。一挙に海の人気者だ。白人のギャグセンスはよくわからないので、なにがそんなに面白いのか謎だが、ウケりゃあいいんだ、ウケりゃあ。白人の兄ちゃんに肩をバシバシ叩かれたりして交流した。

そうして、私は無事アロナビーチに帰ったのだった。よかったよかったのである。

なんだ、その話のどこが恐ろしいのかというと、どこも恐ろしくない。本題はここからである。

その翌々日、私はまた同じバリカサグ島行きのボートに乗った。この日も行きは追い風かつ快晴。何も問題はなかった。乗っているダイバーたちも先日と同じ白人たちで、みんなバリカサグ島が好きらしい。先日と違うのは、白人の太ったおばはんが新たに加わっていたことぐらいだ。

このおばはんは所持品から見てダイバーではなく、私と同じシュノーケラーであるらしかった。わからないのは革靴を履いていたことで、なのに島に着いた途端、あまりの水の透明度に喜び、英語で何かを叫びながらそのまま海に飛び込んでいた。さすが白人である。年配の女性でさえ、あとさき考えない。飛び込んでから革靴に気づいたようすで、ひとごととはいえ不遇に思ったが、本人はうれしさいっぱいといった表情で、そのままボートの後方へ押し流されていった。

おお、流されてるぞ、おばはん。

潮の流れがめちゃめちゃきつかったのだ。ためしにツバを落としてみると、みるみるうちにボートの後方へ流れ去ったほどである。おばはんはうれしがって飛び込んだ手前、急にシリアスな顔になれないのか、それとも白人気質のせいか、ニコニコしながらどんどん遠くへ流れていく。あーめん。

その後ボートはポイントを移して、私もシュノーケルを堪能し、午後になってアロナビーチへ戻ることになった。おばはんも自力でどこからともなく復活した。

天候はまた悪化しはじめていた。うねりも大きくなってきて、このあたりはそういう気象が通常なのだろう。波が甲板にどっぱんどっぱん打ちつけて、波しぶきがはじけ、肌にビシビシ刺さるようになった。さっそく私は前回のように水中メガネを装着し、船酔いに備えたのである。

そのときだ、思わぬ災難が降ってきたのは。

おばはんが私の姿を見て、みんなに向かって大きな声で言った。

「オウ、ヒー・スティル・ダイビング（彼はまだ潜ってるわ）」

ゲ。

そ、それは前と同じジョークじゃないか。

おばはんは私に目配せし、「あなたそのギャグナイスよ」とでも言うように、うんうんうなずいてみせた。

ギャグじゃないって。

白人たちは誰も笑わなかった。それはそうだろう。同じネタで二度も笑うわけがない。前回肩をバシバシ叩いて交流した兄ちゃんも無視だ。

なんということであろうか。まるで私が、もう一度ウケようと思って水中メガネを装着したみたいじゃないか。そうじゃないんだ。ただ塩水が目に入らないようにしているだけだ。ボートの上で水中メガネをすることがそんなに変だろうか。それともこれは結構カッコ悪いことなのか。

私はちょっと頭を切り換えて考えてみた。

ボートの上で水中メガネをする男。

……ん、カッコ悪いかもしれん。待てよ。いや、かなりカッコ悪い気がしてきた。いい気になってるんじゃないか。しかも二度もだ。おまけに一度ウケたうえでの二度目である。いくら能天気な白人相手でも同じギャグはだめだろう。ひえええっ、めちゃめちゃカッコ悪いじゃないか。

しかし、だからといって今はずすとやっぱりもとからウケ狙いだったみたいだし、目が開けられなくて船にも酔うし、そのままにしているしかなかった。

痛い。

とても痛ましく恥ずかしいので、この話はこれで終わりである。本当はこの後シュノーケルにおすすめの島なんか書こうと思ってたんだけど、紙面もないので最後にひとつだけ言っておくと、この世にシュノーケルガイドブックがないのが納得いかない。世界のシュノーケル人口は絶対ダイバーを上回っていると思うので、ぜひ誰かシュノーケルガイドブックをつくって欲しい。

えっ？　自分でつくれって？

んー。

意味はないが、なんとなく海外旅行

なんとなく香港点描

なんとなく香港へ行って、帰ってきた。

香港に行ったのは、一九九七年にイギリスから中国に返還されたその後の社会情勢をつぶさに見てみたいという好奇心からでは全然なく、なんとなく友だちがいたからである。そして人並みに観光して、買い物して、中華料理食べて帰ってきたので、香港について大々的に語ることは特にない。

香港の友だちは曽さんといって、今までにも何度かお互いの家を行ったり来たりしている。最初は曽さんが新婚旅行で日本に来たのだった。その当時私は関西に住んでいたので、奈良公園と東大寺に連れて行った。

東大寺に近づくやいなや、南大門の前で鹿に出会い、曽さんはのっけから最大限に興奮していた。奥に行けばもっとたくさんいるから、と私がなだめるのも聞かず、すかさず鹿せんべいを買いに走って、夫婦で鹿につかまっては記念撮影し、せんべいをもらおうとペコペコする鹿のマネもしたりして大いに楽しんだのである。それから東大寺を見終わって春日大社へ回っていくところで、今度は大群に遭遇し、またまた鹿せんべいを買いに走った曽さんであったが、それを見た鹿が日本海の荒波のように曽さんに殺到し、曽さんの出方によっては手まで食べそうな勢いだったので、おのれ鹿ナニさまか！　と一気に動物虐待派に転向していた。

今回香港の曽さんの家へ行くと、本棚にブルース・リーのビデオや太極拳の本がたくさん並んでいたので、彼は中国拳法の強い信奉者であることが判明した。実際に師範についてトレーニングもしているらしい。曽さんの話によると、太極拳の師範にもなると、相手に触れずして投げ飛ばすことができるのだそうだ。思わず私が、

「曽さん、気のパワーを見せてくれ」

と頼むと、

「私はまだ触れずに投げるようなことはできないが」

と前置きしつつ、

「その場で足を踏ん張って絶対倒れないようにしていなさい」

と言うので、私は来るべき衝撃に備え、腰をやや落とし気味にして身構えていたところ、曽さんは静かに呼吸を整えつつ、両手を胸の前で風呂でやる水鉄砲のような形に組んだと見るや、

いきなり、

「はっ！」

と叫んで私を押しのけた。

思わず私は、トットット、とふらついてしまい、さすが太極拳、おそるべしパワーというか、ただ思いっきり押しただけじゃないのか曽さん、と思ったのだけれど、せっかくやってもらって悪いので、一応ふむふむと感心しておいた。曽さんは気をよくしたのか、顔もちょっと強い感じに変わって眉間にしわなど寄せつつ、夜になると、リビングルームでひとり何かと闘っていた。

翌日、曽さんの車で親戚宅へ出かけ、帰りに駐車場に入るところで、曽さんがまだ買って乗車一〇回目ぐらいの新車を柱にガリガリ擦って、顔面蒼白になっていたので、

「気のパワーでなおせないか」

と慰めたが、軽いジャブだったのに、反応は冷たかった。車の下に黒い水たまりがあったため、彼は「これは何かが漏れているのでは？」と今回のドア凹みとの因果関係をしきりに心配していたが、ドアが凹んだぐらいでオイルとかガソリンが漏れたりしないと私は思う。

香港には、曽さん以外にも鍾さんという友だちがいる。武闘派の曽さんに対し、鍾さんは知性派である。

鍾さんも先日夫婦で日本に来た。関西の私の家に泊まり、京都奈良をめぐったのは曽さんと同じであるが、あるときわが家のトイレに入ったままなかなか出て来ないので心配していたところ、

「噂には聞いていたが」

と言いながら出てきて、

「日本のトイレには便器内に尻を洗うシャワーがついてるという話は本当だったのか」

とウォッシュレット発見の喜びを語っていた。なかなか出て来なかったのは、この機会に、いろいろ調べていたらしい。そして頼まれもしないのに、自分の妻に向かって「便器の中に細い棒が出てきて、そこから水が噴射されるのだ」などと綿密に説明していた。

「じゃあその水は下から尻を洗って、またその棒の上にふりかかるじゃないの」

「そうだと思う」

「アイヤー」

鍾さんは詩人だ。これは比喩ではなく、本当に香港における詩の芥川賞みたいなのを受賞した人なのである。

以前私が東南アジアを長く旅行した際、旅の最初に鍾さんの家でお世話になったのだが、そのときのことを詠んだ詩があるというので、見せてもらった。長いので引用するのはやめ

ておくがタイトルは『香港仔避風塘別宮田珠己君』という。いきなりタイトルに私が登場している。宮田珠己君との別れ、とでも訳すのだろうか。〝香港仔避風塘〟とは、香港島の南側にあるアバディーンという入江というか海峡のことで、風避けの良港として多くの船が停泊している。このアバディーンに有名な海上レストランがあって、詩はそこで私が鍾さん一家と食事をしたときのことを詠んだものだ。

大ざっぱに詩の意味を要約すると、こうである。

『狭い水路の風避けにいい場所を船が進んでいる
船のたてる激しい泡がある
島のむこうでは風が吹いている
大きな船の鳥の形をした先端部分を眺めながら、
日本から来た君と私は黙っている
君はこれからタイやベトナムへ半年の旅に出るという
そしていつか世界中を旅して本を書くのだという
君は今日本を遠く離れて何を思うのか
船の先端の鳥は空へ向かって飛び立とうとしているかのようだ』

非常にドラマチックな宮田珠己君になっていて大変光栄である。この詩には注釈があって、宮田珠己君の家は阪神・淡路大震災で被災したとコメントされている。香港文学界では涙なくして語れない私であるが、はっきり言うと被災の事実はまったくない。茶碗ひとつ割れなかった。その無事だった家のウォッシュレットでいつまでも尻を洗っていたのが、誰あろう鍾さんである。詩を詠んでもらっておいて言うのも何だが、ウソはいけないんじゃないのか。

さて、話はこれから曽さんと鍾さんをめぐってぐいぐい展開していくかというと、そうではない。最初に言ったとおり、今回はなんとなく香港に行っただけであるので、曽さんと鍾さんの話はこれで終わりで、話はこのままだらだらと香港の散策に移っていく。

実は香港に来て、今回最も行ってみたかった場所は、煙突ビルである。正式には何と言うのか知らないが、それは煙突ビルと表現するしかない形をしている。新空港から香港島へ向かう途中に、二〇階建てぐらいのビルがあるのだが、工場が入居したおかげで煙突がたくさん屋上に生えてしまい、全体にドス黒く変色したりもして、ほかに例を見ない異様な建造物になっているのだ。個人的には九龍城塞なき今、香港最大の見ものだと思う。

行き方がよくわからなかったが、エアポートエクスプレスやＭＴＲからの車窓風景を手掛かりに、見えたら降りる作戦で行ってみた。

エアポートエクスプレスに乗ると、青衣《チンイー》駅から橋を渡った九龍半島側で窓のすぐ外をかすめるようにビルが見える。ところが、青衣で降りて歩いて行こうとすると人間は橋を渡れなかった。仕方なくひとつ戻って茘景《ライキン》で降りてみたが、なんか遠い感じがする。MTRに乗り換えてひと駅進み、葵芳《クワイフォン》で降りてもやっぱり遠い気がした。もとよりバスはよくわからない。こうなったら仕方ないから葵芳から歩いてみたところ、いつの間にか高速道路を歩いてたりして、とても危なかったのである。

ようやくたどり着いた煙突ビルは二つあり、途中階の窓から太いダクトが外壁を伝って屋上へいくつも伸びていた。ともに小ぶりで九龍城塞には遠く及ばないが、それでもなかなか異様なカオス的ムードを醸し出していた。なぜか周囲に人影は全くなく、野良犬だけがうろついていて、妙に渋い。やはり香港にはこういう退廃的な建物が似合う。

そして、しばらく外観を眺めたら、あとはもうすることもないので、風景を目に焼きつけつつ帰途についた。

なんだ、もう終わりか、と思うかもしれないが、今回はただの散策であるので、話はこれ以上膨らまない。しかし好きな人には結構いける風景だと思うので、参考までに帰りにわかった煙突ビルへの最適ルートを書いておくと、葵芳駅前の競技場横の坂を登り、登りきったあたりで左にある屋根つき歩道橋を渡ると近い。

アムステルダムについて何も知らん紀行

水の都アムステルダム。

私はアムステルダムについて何も知らない。

いや、もちろん、そこがオランダの首都であることぐらいは知っている。あと喫茶店で合法的に大麻が吸えること、「飾り窓」というのがあってその中が大変素敵だ、ぐらいのことは知っている。

しかし一歩踏み込んで「飾り窓の女」が一体どう素敵で、何をしてくれるのかくれないのか、つまりそれはストリップなのか売春屋なのか、ぐらいになるともうわからない。仮に売春屋だとしたら、料金はいくらなのかシステムはどうなっているのかビジターでもオッケーなのか、なんてことはどうでもいいが、それ以外にもアムステルダムといえば風車はあるのか、チューリップは咲いているか、などの点についてまるで知らない。

つまり、日本で言えばスシとフジヤマとニンジャしか知らないほど、アムステルダムに無知なのである。

当然、市内のバス路線や、両替場所や、おいしい店といったガイドブック的な情報も何ひとつ知らない。

そのアムステルダムに、このたびトランジットで七時間だけ滞在することになった。右も左もまったくわからないので、そのまま散歩しようと思う。

よくガイドブックを持たずに旅行するのを自慢する人がいるが、そういう人も地図は持っていたり、ツーリストインフォメーションを利用してたり、人に道を尋ねたりはするわけで、結局同じことである。私はガイドブックはないし、ツーリストインフォメーションにも行かず、人にも道を聞かないことにして、標識や看板、駅の表示だけ見て散歩しようと考えた。運がよければ迷子になれるはずである。

迷子は素晴らしい。

私はむかしからちっとも迷子にならないので、一度なってみたいと思っていた。もちろん中東のスークなんかで道がわからなくなったことはある。だが、それが迷子かというと、そういうのは最初から迷うために歩いているので、純粋な迷子ではない。このまま迷ってりゃいいや、と思ってるうちは迷子ではないのである。真の迷子とは、本気で困ったり悩んだり不本意でなければだめで、ガイドブックも持ってるのにそれでもわからない、というのが極上の迷子である。

なのでガイドブックも持たずに迷子になるようではたかが知れてるが、今回は幸運にも制限時間が七時間と決まっているので、下手に迷うと乗り継ぎ便に乗れないという有意義な条件がある。その限られた時間の中でアムステルダムを訪問し、迷子になって充実したい。

さてさっそく私は、アムステルダム・スキポール空港にいる。

最初の問題は、空港からの交通である。

アムステルダム市街は、スキポール空港からどのぐらいの距離にあり、どういう交通機関で結ばれているのか、そういうこともまったく調べてこなかった。だがここで、実はそれについてまったく何も知らなかったわけではないことを正直に白状しておきたい。どこかで会った旅行者に、「帰りはアムス経由で七時間のトランジットなんです」という話をしたら、「七時間あれば、観光できるでしょう。アムス、空港から電車ですぐですから」と頼みもしないのに教えられていたのだ。

そんなわけで空港駅の表示で、アムステルダムなんとかという駅名がいくつかあるのを確認し、その中からたぶんアムステルダム・セントラルが真のアムステルダムであろうと判断、列車の切符を買うことにした。自動販売機へ行くと、英語の表示がなく全然わからんかったので窓口で往復を買い、改札を抜けようと思ったら改札がなくていきなりホームであった。

いいのだろうか、いきなり乗って。

こういうわけのわからんところが醍醐味である。

乗るぞ。私は乗るぞ。見よ、切符切ってないけど持ってる私だ。

列車はうんともすんとも言わず走りだした。車内はガラガラである。四つ目で降りる所存だが、急行だったりして駅すっ飛ばしたりしないよう、窓から監視した。

うす曇った空の下、まばらで整然としたマンションふうの建物と、起伏のない緑の大地。人口密度の少なそうな郊外の街が続く。アムステルダムがどういう街なのか何のイメージもないけれど、オランダの首都だからもちろん大都会だろう。超高層ビルで埋め尽くされているのではないか、と思いつつ見ていると、原っぱに羊がいた。

おお、羊でいいのか！　首都に羊でいいのか！

と思ったら、列車はアムステルダム・セントラル駅に到着。

羊→首都。こういうフェイントも醍醐味のひとつである。

駅前に降り立ってみると、それなりに賑わってはいたけれど、高層ビルなどちっとも見当たらない。屋根の低い落ち着いた街だ。とはいえ駅前にはトラムが集積しているし、ツーリストインフォメーションもあり、やはりここは真のアムステルダムと考えてよさそうだ。

インフォメーションに立ち寄れば、さらなる情報がゲットできるところだが、それはしないルールであり、そうでなくてもまだ朝七時すぎであって、開いていなかった。駅前に運河があり、観光用のボートがたくさん係留されていて乗れるもんなら乗りたいけど、これもまだ動いていない。

運河を渡って左側にいかにもヨーロッパふうの路地がいくつかあり、面白そうなので入ってみた。中華料理屋の看板や、安宿が並んでいた。これは旅行者向けの一角ではないか。何か面白いものはないかと歩いていると、少々ガラの悪い感じの兄ちゃんたちがたむろしており、私が通りがかると声をかけてきた。「マリワナ」とかなんとか言ってる気がする。

おかしいじゃないか。なぜそんな怪しい兄ちゃんが売りつけてくるか。アムステルダムでは合法なんだろう。日本で、たばこ買うか、いいたばこあるよ、なんて言うマヌケな奴はいないのである。そんなもんたばこ屋で売っている。マリワナは喫茶店で売ってるだろう。あるいは非合法のドラッグも売ってるのかなと思いつつ、それについて特に知識も関心もないので、さらに「小銭くれ」と食い下がる兄ちゃんをかわしつつ、奥へ進む。

と。

おお、ここは!!

ガラス張りで中に何もないショーウィンドウ、そこに燦然《さんぜん》と輝くピンク色の看板。これはまさに懸案の、いや、別に懸案ではないけど、「飾り窓」ではないのか。白昼堂々、その窓がこんなところに！

アムステルダムの奥深く、知る人ぞ知る人跡未踏の地にひっそりとたたずむ窓かと思っていたら、いきなりこんな駅前の窓である。それでいいのかアムステルダム、首都の顔とも言うべきこんなところで、こんないかがわしい窓だけ見せてどうするか、女はどうなってる……じゃなかった、女は別にいいんだけど、なんだか気が抜けた私である。いくらなんでも朝早すぎたか。

実は、今回の散歩にあたって私は、心の底で、最終的に「飾り窓」に自力でたどりつけば〝勝ち〟と思っていたのだ。いかがわしい場所の情報はなかなか手に入りにくいから、かなり難度の高い迷子になると思ったのに、のっけから攻略してしまった。おかげであとは何を心の支えに散歩すればいいか、わからなくなったではないか。

仕方なくふたたび駅前に戻る。

ここで、ぐずぐずしているとせっかくの知らない街が水の泡だ。

トラムの路線図でゴッホ美術館があるのを発見、こうなったらそれに行くことにする。

路線図によれば2番か5番のトラムで行けるようだが、運がいいことに、どこで降りるのか停留所の名前がわからない。さらに5番のトラムに乗ろうとして金の払い方がわからない。通勤時間なので、みんな定期で乗っている人ばかりだ。ともかく乗って運転手に「ゴッホミュージアムである」と宣言し、五ユーロを手渡してみた。すると切符と釣りをくれて、ふつうだった。

美術館は線路沿い進行方向左側にあるようなので、左側の席に座って窓の外を凝視しつつ、同時にすれ違うトラムの番号も確認した。路線図によれば、2番と5番はゴッホ美術館の先で分かれる。つまり2番が来なくなったらもう通り過ぎているわけなのである。

トラムから見るアムステルダムの街は魅力的だった。

街全体が古いままに残っており、車通りが少なく、歩道も広く、ビルがない。首都の中心部にビルがないとは、なんという素晴らしさであろう。あちこちにおしゃれなカフェやレストランが見え、降りてさまよい歩きたい雰囲気である。

そうやってあちこち目移りしている間にも、トラムの線路は右に左に曲がって、方向感覚を狂わせる作戦のようだったが、私は騙されなかった。さっき見た路線図によれば、細かい曲折はあっても全体には一定方向に向かって進んでいるはずなのだ。

しばらくして、だいぶ進んだな、もう見えていいはずだな、それとも通り過ぎたのかな、と気が迷ってきたが、私の経験で言うと、初めての街でバスやトラムに乗る場合、だいぶ進んだと思ってもそれほど進んでいないことが多い。そろそろかなと思っても目的地はたいていまだ先である。実際このときも、勘の通りその後しばらくたってからゴッホ美術館が現れ、迷子になることなく到着した。

そうしてゴッホ美術館を正しく観光。

帰りのトラムはどれに乗ってもセントラル行きだから、何の問題もなかった。駅前に戻ってさらに一時間の運河クルーズを楽しむ余裕もみせて、結局この日私は、やっぱり迷子になれずに終了した。つつがなく時間内にスキポール空港に帰着できたときは、本当に残念であった。

今回は簡単すぎたが、いつの日か、まったく知らない街で、ガイドブックも地図も使わず、人にも聞かずに目的地へたどり着く、そんな大会があったらぜひ挑戦し、今度こそ迷子になって充実したい。

幻の町

カーティアワール半島は、インド亜大陸の三角形の西側にカニバブラーの手みたいにくっついている半島で、州でいえばグジャラートにあたる。仮にインドを着ぐるみにして中に入ったとしたら、ちょうどそこに手を突っ込んでカニのハサミのようにカポカポしたくなるであろう位置だ。ちなみに言うまでもないことだが、カニバブラーは州ではなく、怪人である。

そのカーティアワール半島に出かけてきた。

半島中央部にあるジャイナ教の有名な聖山シャトルンジャヤの観光を終え、次はジュナーガルへ行こうと思いバスの時間を聞くと、直行バスはないから、途中のなんとかいう町まで行って乗り換えなければならないと言われたのである。しかもバスは一日一本しかなくて朝五時発だという。そうするとここに泊まらなければならないうえに、朝五時は早すぎて起きたくない。思わず

「これからだと、どこ行きのバスがあるのか」

と尋ねると、

「ウナ行きが一〇分後の一時半に出る」

と窓口のおっさんは答えた。

今回の話はこのひとことから始まる。ウナなんて聞いたこともなかったが、ガイドブックで調べると、それはアラビア海に突き出したカーティアワール半島の南端にあり、ディーウ島への玄関口となる町である。ディーウ島にはビーチがあって、多くのホテルが並び、海を望むガーデンレストランが人気だそうだ。かつてはポルトガルの植民地だったところで、ポルトガル風の家や教会、城塞の跡まであるらしい。

私は急いでホテルに戻って荷物をまとめ、再びバスターミナルに走りこんで、ウナ行きのバスへ飛び乗った。

さて、こうして話はディーウ島へ向かって走りはじめたわけだけれども、落ち着いてからガイドブックの地図を見ると、ウナはシャトルンジャヤの南西一五〇キロほどのところにある。ならば当然南西方向へ向かっているだろうと思いきや、なぜかバスは東向きなのであった。幹線道路に出るまでのことかと思ってあまり気にしないでいたが、いつまでも東に向かって走っている。

バスを間違えたのだろうか。

慌てていたからうっかりこれがウナ行きと思い込んでしまったが、あるいは別のバスだった可能性がある。と、焦ってきたところでバスは南向きになり、ああこれからだんだん曲がっていくんだな、よかったよかったと思っていたら、また東向きである。しかも何の迷いもなくバンバンかっ飛ばしている。

「ウナ？」

と他の乗客に尋ねてみると、

「ウナウナ」

というふうにうなずくから、安心したのだが、本当に意味は通じているのだろうか。だって進行方向は三〇分たっても東向きじゃないか。それとも私の方向感覚が間違っているのか。と思ったらまた南に向いて、そうかそうかこれから挽回するのか、これで大丈夫だと思ったところでまた東だ。

「ウナ？」

「ウナウナ」

「本当にウナ？」

「ウナ」

本当だろうか。ウナでなく、うんにゃ、とおっさん風に否定しているのではないか。

ええい、こうなったら私は東へ行くぞ。東にも何かあるだろう、と思ったら南に向いて、さらに一時間以上がたった頃、ようやくバスは西も混ぜるようになって、どうやらウナ行きで合っているようであった。よかったよかった。

あたりの景色はシャトルンジャヤを出て以来、いっこうに変化がない。背の低い灌木と乾いた大地が続いている。シャトルンジャヤの山影が見えなくなってからは、地平線も単調で、町もほとんどなかった。

たまにバスが停車するのは、小さな村ばかりである。乗り込んでくる乗客も減る一方で、リゾート客はおろか外国人も私以外まったく乗っておらず、隣り村へ買い物に行ってきた感じのおばさんや、労働者ふうのおっさん、はつらつとしていない田舎の若者、なんだかわからないケンカ腰の子供など、どう見ても海を望むガーデンレストランやポルトガル風の町並みとは結びつかない雰囲気だ。もちろんバスの乗客がそうだからといって、あるいは通過するのが小さな村ばかりだからといってディーウ島が発展した町でないとは限らないが、大きな町に近づいているならそれなりの客層というものがあるだろう。こんなバスの行く先に、本当にガーデンレストランなどあるのか。

道路も狭かった。バスが走っているのは舗装もところどころはがれかけたような狭い道で、周囲に人家もほとんどなく、この先に何かあるという感じが全然しない。まるでひなびた漁村にでも向かっているかのようだ。日が暮れ始めると街灯もないので、地平線まで真っ暗になった。

そうして五時間半かかってようやくたどりついたウナは、案の定小さな町だった。ああ、町になったなあと思った途端にもう中心部に着いていたほどの規模だ。ここでバスを降り、オートリキシャに乗り換えてディーウ島に向かう。

オートリキシャがウナの町を出るとまたまたあたりは真っ暗である。依然として街灯はない。リキシャのライトだけで走っていくが、車がようやくすれ違えるほどの道の両側は、何があるのか全然見えない。葦《あし》のような植物が、風でサヤサヤと鳴っている。海が近いような気配だけはするものの、とても静かである。この先にポルトガル風の家なんか本当にあるのか、小さな漁村ぐらいが関の山ではないか。

そう思いながら暗闇の中を一時間も走っただろうか、突然、前方で何かがめちゃくちゃ明るく光っているのが見えた。

日本でいえば田んぼの中でコンビニを見つけたような唐突な輝きである。近づくにつれ私は目を疑った。それは本当にファミリーレストランのような大きな店で、人通りもない道端で煌々とネオンを光らせていたのだ。

どうしてこんなところに、と思ったら、さらに目の前に凱旋門のような巨大な門が現れた。それは電飾で派手にライトアップされており、日本でいえば山間のラブホテルのような違和感が漂っている。そしてオートリキシャがその下をくぐった途端、私は、あっ、と声をあげそうになった。

そこには片側二車線の、力強く美しい道路が、オレンジ色の街灯に長々と浮かび上がっていたのである。

それは門のところから突然始まって、しばらく先でだんだん高く盛り上がりながら闇の奥へ続いていた。

「ブリッジ」

とリキシャドライバーが言った。

まるで深夜の湾岸高速だ。これはまさに湾岸高速道路の夜景にそっくりである。舗装もきちんとされているし、街灯も等間隔に並んでいた。

一瞬、私は自分が幻想の町に迷い込んだような気がした。このような辺鄙な土地に、なぜこんな都会的な風景がいきなり展開しているのか。夢としか思えないではないか。

オートリキシャが橋にさしかかると、両側は海なのだろう、真っ暗で何も見えなかった。道路にはほかの車も何もいない。今度は宇宙空間に架かる橋をわたっているかのようだ。

ここで唐突ではあるけれども、私が三〇代後半に突入したという、読者の知ったこっちゃないような個人的問題についてちょっとだけ触れておきたい。

語るも涙の悲しい話ではあるが、三〇代も後半になると、旅において一〇代や二〇代のときのようなビビッドな感動が少なくなってくる。一〇代二〇代では、ただ旅に出ているというだけですでに心はハイであって、どんな国でもそこらじゅうがエキゾチックであった。しかし最近は旅行中と日常生活の感覚的な落差があまりない。もちろん今でもハイな旅がしたいのだが、慣れのせいか、若い感受性が摩耗してしまい、エキゾチックと一般に言われる光景を見ても、いい景色だなあとは思うものの、心の底からヒリヒリすることはなくなってしまった。それがこのとき、久しく忘れていたワクワクする感情がぐっと心の中に立ち上がってきたのである。

しばらく行くと橋の先にぼんやりと光が見えてきて、それがディーウ島であるらしかった。あそこにポルトガル風の町並みと、大きなホテルと、海の見えるガーデンレストランがあるのだろう。島はきらきらした希望で満ちあふれているように見えた。

「ディーウ」

とまたリキシャドライバーが言った。

自分の中から、何かよくわからないものがこみあげてくる。

未来！

とまあ言葉にすると陳腐なんだけど、そんな気分だった。

結果から言うとディーウ島はそれほどのことはなく、翌朝起きて散策してみると、大きなホテルやレストランはあったものの、他のアジアのリゾートほどの華やかさもなかった。徐々に冷静になってみれば、この島がインド連邦直轄地であり特別に開発された地区であること、大きな幹線道路はないかわりに近くに空港があることなどもガイドブックをよく読んでわかり、そういうことなら謎も不思議もないと納得したのだが、それでも一瞬の衝撃が忘れ難く、近年なかった味わいのように思うので、三〇代後半愕然《がくぜん》記念にこうして長々と書いたわけである。どんとはれ。

ほどよい豪遊／インド編

海外旅行へ行くときは、たいていバックパックを担いで行く私であるが、かつてバックパッカーといえば、いかに自分が安い宿に泊まっているかでアイデンティティを確立していた時代があった。しかしベルリンの壁の崩壊とともに安宿自慢ブームは終焉を迎え、今では貴重な過去の記憶として一九九九年ユネスコの世界遺産に登録されました。

かわって二〇〇〇年代のバックパッカー界に台頭してきたのは、それまでの思考判断を根本から覆す新たなる潮流、

——豪遊、である。

いいもん食っていいホテル泊まって日がなプールで泳いだりして豪遊したいがー。

どこの方言かわからないが、言いたいことはそういうことだ。

私はこのたび南インドで豪遊した。

もともと南インドには、あるヒンドゥーの神サマの写真を撮るという真摯《しんし》な目的を持って出かけたのだが、行ってみると目当ての神サマがまったく見当たらず、おまけに、なぜかい

きなり熱が出て倒れたりして、詳しい話は別のところに書いたので省くけれど、救急病院に行き、血液検査もし、チェンナイ（マドラス）の大病院まで戻って診察を受けたりしてやる気が大幅に失せてしまったのである。

仕方ないから、急きょ神サマ撮影企画あらため大リラックス豪遊作戦に路線変更した。体力の回復にも豪遊は欠かせないと考えたからだ。

豪遊はまず宿のランクをあげることから始まる。

私はそれまで二五〇ルピーの部屋を旅行中に出会った学生とシェアしていたのを、一挙に三〇〇ルピーの部屋独り占めへとランクアップし、慣れてきたらさらにエアコン付き六〇〇ルピーに大躍進させてみた（一ルピーは約三円）。

だいたいこのクソ暑いインドでファンだけの部屋なんか泊まっていられないのである。風が抜ける部屋ならまだいいが、ドアを開けていてもほとんど風なんか吹かないし、眠るときはドアを閉めるから、熱はどんどんこもっていく。ファンを回せば風が当たりすぎてよくないというし、あれを下からずっと見上げていると、そのうち外れて旋回しながら落ちてくるんじゃないか、と不安になる。どこの宿でもファンを天井から吊り下げている棒がガタガタ揺れてて、なんだか心もとないのだ。

そんなわけでエアコン付きの部屋で豪遊する。

エアコン程度でどこが豪遊なのか、と言う人があるかもしれないが、エアコンだけではない。いい部屋に移ると、テレビがつくというメリットもある。

インドのテレビはチャンネルもたくさんあり、スポーツやニュース、インドのテレビドラマをはじめ、インド映画やインド映画、さらにはインド映画まで観ることができる。インド映画ばっかりではないか。

インド映画は、なぜかちっともかっこよくないデブとか気色悪い目つきの男が主人公で、常にやに下がっているのが見ていて痛い。突然踊り出すのはまあいいとしても、その踊りが見ているこっちまで恥ずかしくなるほどで、なぜそんなかっこ悪く踊るのか。前に日本で『ラジュー出世する』を観たときも、ヒロインが踊り出すと金粉がどこからともなくチラチラ舞ったりして、インドは映像の無法地帯になっているのだった。今回見たコマーシャルでは、南の小島の真っ白なビーチで、不細工な男が白馬に乗って歌いながら登場した。思わず、小島に白馬はおらん！　と声を荒らげてツッ込みそうになった。

しかもビーチで女がクンクン踊っていたので、そのクンクン踊りが一層神経を逆なでするのだった。おそるべしインド映画のクンクン踊り。とってもイヤなのに、自分の体がつられていっしょに踊ってしまいそうなところがまた怖い。

そういえば偶然『タイタニック』をやっていたのでそれも観た。

映画館でもビデオでも観てなかったので、ラッキーである。『タイタニック』はビデオの売上が史上最高だと何かで読んだことがあって、以前マケドニアで会った旅行者も、あのラストシーンを見て自分の人生を考え直したとか大袈裟なことを言っていた。それはそれは美しい感動のラブロマンスだそうだ。

しかし、観てみた私の正直な感想を言わせてもらうなら、こうだ。

大惨事ではないか。

何がラブロマンスか。実話だぞ。愛だの恋だの言ってる場合じゃないだろう。

自分がもしこの場に居合わせたらと想像たくましく見ていると、どんどん怖くなった。沈みゆく船の上で最期まで演奏を続けた楽隊の気持ちはいかばかりだったかと思う。ラストで、女主人公が死んだディカプリオに会う夢のシーンは、感動を誘うつもりなのだろうが、感動どころかタイタニックの船内に死人がずらっと居並んでいたので、背筋がゾッとした。霊だ。霊が並んでいる。みんな、ビデオ買って泣いてる場合か。怖いぞ。

テレビの話はもういい。豪遊だ。エアコンとテレビぐらいで豪遊とは言わない。本題はここからだ。

エアコン・ファーストクラス・スリーパーに乗った。

インドの列車でもっとも値段が高いクラスだ。エアコンのセカンドスリーパーでも結構な値段がするが、それよりさらに倍である。どのぐらい凄いかというと、コンパートメントで同室になったインド人のおっさんが、ポーターに軽く二〇〇ルピー払っていたぐらい凄い。二〇〇ルピーといえば、安宿にうまくすれば二泊できる額だ。さすがエアコン・ファースト。そこで、そんな豪華なクラスになんか乗ったことがない貧しい人のために、コンパートメント内部がどうなっているか説明しよう。

まず四人部屋である。ベッドが左右に二段ずつあり、茶色の革張りだけど、合成である。ドアの隣りにクローゼット。ここはシャツが三着、入れようと思えば入るけど、くしゃくしゃになる。セカンドではひとつしかなかった天井の扇風機が二つ。窓際のテーブルが天板を持ち上げると洗面台になっている。以上。

おいおい、それだけで値段が倍かい！　ふざけてはいけない。

しかもエアコン効きすぎで、めちゃくちゃ寒い。

インドの列車のエアコンはいつも寒いが、制御室のドアが開いていたので中をのぞくと、室温は一〇度に設定されていた。すでに一七度ぐらいで十分肌寒いのに、一体何の狙いで一〇度まで冷やすか。外があんまり暑いので、やけくそになっているのではないか。

なぜか列車の冷暖房というものは、日本でもよくわからない温度設定になっている。豪遊と関係ないが、納得いかないのでその件も話すと、日本の場合、主に困るのは暖房である。

尻だけ異様に熱い。

ときに座っていられないぐらい熱く、パンツ内がムレムレになる。熱いので立ちたいが、満員だったりすると、いったん立ってまた座るなんてフェイントと思われそうで、立ってる人がむかつくのではないかと懸念される。かといって熱い座席に座り続けていると精子が全滅するかもと不安になり、金玉袋の下に風を通すために心持ち尻を浮かすと、今度はこっそり屁をこくときの姿勢に似てしまうのだ。なんでそんな気苦労をしなくちゃいけないのか。列車には加減するということを学んでもらいたい。

結局こんな列車に金使うなら、なんかうまいもんでも食ってたほうがましではないか、というわけで次は、豪華な食事をしに、チェンナイの某高級ホテルのコンチネンタル・レストランに出かけた。

入口のところに譜面台のようなものがあってメニューが置いてあり、めくってみると料理名だけで値段が書いてなかった。そういうレストランこそ豪遊にふさわしいと思い、突入する。

中のメニューには値段があって、一番安いメインディッシュがフィレステーキで六九五ルピーだった。二〇〇〇円くらいである。いけるいけると思って頼んだら、今日は仕入れがないと言われ、奮発して九五五ルピーのTボーンステーキで手を打った。それでも三〇〇〇円だ。パン食べ放題なので、食べまくっていると、カゴにどかどか追加してくるので、ついつい張り合ってどかどか食っていると満腹になりかけて、危ない危ない。豪華料理はゆっくり食わないとあとで後悔する。で、Tボーンステーキ食ったら、これがたいしてうまくなく、結果的に一四二八ルピーも取られた。ずいぶん値段がはねあがっている。水に課金されているうえに、タックスチャージつきまくりであった。高いぞ、こら。

この頃になって気づいてきたが、思い切って奮発しても大したメリットがないような気がする。ただ高いだけではないのか。それなら少しレベルを下げて、言うなれば適度な豪遊をしてみたらどうなのか。そう考えてアーユルベーダのマッサージコースで適度に金をケチったら、腰巻きなしでフルチンのままおっさんにマッサージされるという思わぬ哀しみがあったりして、インドの豪遊は微調整が難しいのだった。

この話のどこが豪遊なんだ、本当に豪遊するなら、マハラジャの宮殿ホテルに泊まったらどうだ、と無責任な発言をする部外者もあるだろうが、私の豪遊は一日三〇〇〇円がメドである。それ以上の豪遊は、〝超遊〟と呼び、非常事態のひとつとして厳粛に区別されている。

何もしない旅の日常

旅について書くとき、とりあえず旅で起こったいろいろなハプニングを書くことが多いが、実際のところ、そういつもいつもハプニングが起こるわけではない。むしろ何も起こらない日のほうが多いのである。長い旅行になると、たとえば観光も移動もしないで、洗濯した以外特に記憶に残っていないような一日もある。そういう一日も、それはそれで楽しかったりするのだけれど、あらたまって考えてみると何をしていたのか覚えていない。

そんなとき私は一体何をしているのであろうか。

何もしていないといったって実際は何かしているのである。

あらたまって考えると、われながら謎なのでここで検証してみたい。

旅先でゆっくりと時間を過ごしたいとき、私はよく文庫本を持っていく。なるべく景色のいい静かな場所でのんびり本を読むのは至福の時間である。

そしていつもたくさん持って行き、読み切れないで余る。

せっかくだからとバラエティに富ませて、ジャンルの違った本をいろいろ持って行くと、三冊目ぐらいまでは読みたい本だけど、四冊目から急激に興味のない本だったりするのである。こんなときしか読めないと思って難しい本を持っていったら、こんなときでもやっぱり読めなかったなんてことはざらだ。それならばと少なめに持っていくと、そういうときに限って、難しい本が読みたくなったり、面白い本ばかりどっさり持っていくと今度は、せっかく外国に来てなんで本ばかり読んでいるのか、と思うこともあるから、どうしていいのかいまだに本選びの極意はわからない。

また景色があまりよすぎると写真を撮りに行きたくなったり、それが海だったりすると本なんか読んでないで海に入りたくなるので、案外じっくり文庫本を読んだ記憶はない。

そんなわけで、旅行中とくに何もしない日に私が何をしているか、という設問に戻ると、答えは読書ではないことがわかる。

では一体何をしているのだろうか。

音楽は、聴いていない。本当は音楽も持っていきたいが、カメラや本に加えてＣＤやＭＤまで持っていくと荷物がとことん重くなるから、涙を呑んで割愛している。

何か食べているのか、というとこれも違う。

旅行者には食べ歩きが好きな人が多いが、私は食べるのが嫌いである。面倒くさいし、時間も惜しい。人生何も食べないで生きていけたらと思う。

食欲は人間の三大欲求のひとつなどと言うが、それは欲求でなくて補給である。車も別にガソリンが好きで食ってるわけではなく、車の本分は走ることであって、ガソリンなしで走れればそれに越したことはないのである。

三大欲求と言えば、睡眠も好きではない。

時間の無駄である。寝てるおかげで人生は三分の二になってしまう。あれからもう三年かあ、なんて言ってるけど起きてたのは二年である。仮に六〇年生きたつもりでも実質は四〇年。二〇年も失って、とても惜しい。寝なければ人生は五〇％増量であり、このデフレ時代、そのぐらいの企業努力はしたらどうなんだと思う。

そのわりには私が仕事中よく寝ていた、企業で努力してなかったとの証言もあるが、その分夜中起きて深夜放送を見たりしていたので、睡眠時間の総計はかわらない。

だいたい私はもったいなくて夜眠れないのであり、ただ横になってるぐらいなら何かやったほうがましだと思う。ところがこれが仕事中だとなぜかもったいなく、ぐっすり眠れるから不思議である。

あと残る三大欲求といえば、性欲はどうか。

性欲は、あれは……。あれはあれで、まあ無駄ではないというか、無駄でもいいから所望したいというか、ぜひよろしくお願いしますというか何というか、ええと、好きである。しかしそんなことを言うと、私の三大欲求は、性欲に一本化されているかのような誤解を与えかねないので、ここは何事もなかったように話を戻して、食べるのが好きでないという話を続ける。

アジアの国にはいろいろな屋台料理があり、食べ歩くだけで時間が潰せるという人も多いけれど、私は興味がない。特に東南アジアは、パクチーが苦手だから一層駄目である。どうせ食べるのが嫌いなら何食っても同じだろうと言われることがあるが、それは大きな間違いで、死なないために仕方なく食っているのに、それがマズければ二重苦である。何の因果でこんな思いをしなければいけないかと思う。

アジアを旅する人はパクチーが食えて一人前のような言われ方をするが、その意見には断じて納得できない。あの草は何か間違っている。匂いが嫌だ、ととりあえず言ってみるけれど、本当の原因は匂いではないようにも思う。匂いぐらい臭くたって食えば食える。うまく言えないが、パクチーには匂いよりずっと奥深いところに届く不快感があるのである。

思い出すのはガラスをナイフで引っ掻いたときの音で、あれも音ではあるが音そのものというより、それによって体内の奥深い部分が拒絶反応を示している感じがする。

パクチーも同じだ。どちらも耳や鼻を通り過ぎて脳髄がやられているものと思われる。匂いと音が共通の感覚を呼び覚ましているのだから、そうとしか考えられない。それでも食ってるうちにだんだん慣れてくるなんて人がいるのは、パクチーのせいで脳髄が腐食してしまったということであろう。

脱線が長くなったが、とにかく食べるのがあんまり好きでないから、旅行中食べ歩いているわけでもない。

では私は何をしているか。

飲むのは好きだ。といってもアルコールではなく、水とかチャイとかラッシーとかコーヒーなどだが、飲むのは食べるのより早くて時間が無駄ではないし、すっきりする。

そういえば、私はよくヒマなときにお店に入って何か飲んでることが多いような気がする。暑がりであり、汗かきなので、すぐ何か飲みたくなるのである。

それではないか。

旅行中何もしていないようなとき、私が何をしているかというと、何か飲んでいるのだ。

何を飲むかはまちまちだけれど、することがない日は、ぶらぶら歩きながらカフェや喫茶店を探している。どういう店を選ぶかというと、テーブルが広くしっかりしていて、あまり混んでいない店である。というのも、飲むだけでなく、日記をつけたり、地図やガイドブックを広げて計画を立てたりしたいからだ。どこへ行っても、そうやって落ち着く場所を探してきた。

席について何かを注文し、まずはメモなり日記をつけるわけだけれども、何もしてない日なのだから日記も書くことがない。で、計画に移る。明日何しようか。そしてこの計画も終わってしまうと、やっぱりもうすることがなくなって、なんとなくまた飲んで、値段が安い店ならばおかわりする。時間はたっぷりあり、仕方ないから時々何か食ったりもする。

思い出したが、先日台湾の高雄で、スターバックスのようなシンプルで清潔なコーヒーショップがあったので入ってみたのである。小野リサの曲がかかっているオシャレな店内で、日記をつけたり、まったりしたりしていると、突然隣りのテーブルの上にドカドカと鍋が運んでこられ、なんだなんだ、何かの実験かそれとも撮影か、と思っているうちにそのまま鍋料理が始まって、客が食い出したのだった。なんか変である。なぜコーヒーショップに鍋か。そのうち何かオチがあるだろうと横目に見ていたが、そのままひたすら食ってしまって特にオチはなかった。

メニューを見ると、ウインナーコーヒーだのカフェオレだのカプチーノだのチーズケーキだの、ちゃんとしたコーヒーショップふうのメニューの中に突然鍋が混じっていた。しかも名前は日式鍋。つまり日本ふうの鍋である。台湾では日本がブームだと聞いていたが、こんなところにまで日本が食いこんでいたかと驚くと同時に、コーヒーショップでなぜ鍋なのか、と疑問に思った。わけがわからない。

若者が集まるこういう店の場合、食べ物を出すにしてもまずカレーライスとかサンドイッチではないのか。

いや、むしろそんな流行の先端をゆく店だからこそ、日式鍋なのか。でも、それなら抹茶オーレとかせめて和風スパゲティとかではいけなかったのか。

なんとなく腑に落ちないものを感じつつ、自分もさっそく頼んでみたところ、とうもろこしやエビ、牛肉、白菜、青菜、豆腐、ビーフン、ねりものをタレにつけて食べるのは、本当に日本と同じ鍋であった。ただ野菜の盛《も》りの中にトマトがあった。トマトを鍋に入れるのか。日式じゃないぞ。

まあしかし鍋の話は今あんまり関係なかった。とにかくそうして結局カフェオレを飲みながら鍋を食った私であり、旅行中何もしない日に実際何をしているかというと、店に入って何か飲んで、日記つけたり計画たてたりしているということが判明したのである。

考えてみればそれは旅行というより、旅行を思い出したり、また旅行の準備をしているのであって、旅行そのものではないではないか。そんなことは家でもできるのではないか。一体何のための旅行なのか。……なんてことはどうでもよくて、やっぱりカフェを求めて徘徊する近頃のマイ旅行なのであった。

パイナップルとロバの観察

南インドの旅行記を書こうと思い、取材に行って帰ってきたらワープロが壊れていた。まったく想定していなかった事態である。文書フロッピーをちっとも読み込まない。締め切りが迫っているので、すかさず近所の電器屋に修理に持ち込んだところ、こんなものは直すより新しく買ったほうが結局安いと言われ、店に並んでいる商品を見てみたら安いものでも五万円もした。ワープロ機能だけついたシンプルなやつでその値段である。突然五万円の出費は痛すぎる。しかもワープロが壊れさえしなければ必要なかった五万円だ。出費に前向きさが感じられない。そんな金があるんなら、プレイステーション2を買いたい。

しかし仕事しないわけにはいかないので、思案の末、実家から少なくとも一年以上前に使っていたワープロを取り寄せることにした。なんとか使えるだろう、古くても壊れてはいなかったはず、と思ってフロッピーを入れてみるとこっちも死んでいた。

だが、これは長く使っていなかったための仮死状態であるかもしれないので、フロッピーを入れる際に、フワッと軽やかな感じで、いつも使ってたよなあ、と親しみのこもった念を送りながら入れる旧交温め作戦を繰り返していると、やがて、ジー、ンガッ、ンガッといって本当に動きだした。なにごとも信じることが肝心である。

　これで何とか原稿が書けることになったが、そうはいっても一一年以上前の製品である。これもまたいつ壊れるかわからないので、壊れないうちに早めにプレイステーション2を買っておこうと思う。

　さてワープロが届くまでに二日つぶしたので、ぐずぐずはしていられない。さあ原稿を書こう今書こうと思ったんだけれども妙に頭が重い。どういうわけだと怪しんでいると咳が出はじめた。

　風邪らしい。

　仕方ないから休む。ちっとも原稿が進まない。締め切りが気になるけれども、風邪ではどうしようもなかった。決してサボっているわけではないのだ。不可抗力といえよう。

　ベッドで寝ていると、頭がボーッとした。ボーッとしても眠れるわけではないので、寝ながら柴田錬三郎の眠狂四郎シリーズをぽつぽつ読んだ。読んでいるうちに具合がよくなり、たいしてひどくならずに風邪が治った。よかったよかった。

　しかし私は治ってよかったのだが、眠狂四郎は敵に毒を盛られて死にそうである。自分だけ治ってよかったでは、人としてどうかと思うので、締め切りは目前に迫っていたが、最後まで読むことにした。眠狂四郎シリーズはとても面白い。

やがて眠狂四郎も元気になって無事敵を倒し、いよいよ私のほうも原稿に全力を傾ける準備が整った。読者も、いい加減にしろ、南インドはどうしたと思っている頃だろう。

もはや締め切りに向かって突っ走るのみ、と思ったら今度はどうしても実家に戻らなければならない至急の用件ができて、仕方ないから一瞬関西に戻ったりしているうちに時間はどんどん過ぎていき、ふたたび関西から戻って自宅でワープロに向かうことができたのが、帰国後一〇日目、つまり今である。私はようやく今ワープロに向かっている。ここまでこぎつけるのに随分時間がかかった。しかし、ついに締め切りに向かって障害は何もなくなった。次々と襲いくる運命の荒波をようやく乗り越えたのである。もはや勝ったも同然と言えよう。つまり書いたも同然である。これはもう書いたとしてもいいのではないか、とさえ思う。そう、書いたのだ。書いた書いた書いた。

……いい加減にしないと殴られそうなので、史上最長の言い逃れはこのへんでやめることにする。

南インドに行くなら、コーチンのバックウォーターツアーがいい、と噂に聞いていたので行ってみた。コーチンを州都とするケーララ州の水郷地帯は、ジャングルの中を網の目のように川と水路がめぐっている。それがバックウォーターだ。そこを船で行くツアーが人気である。そのツアーで私は、ある重大な発見をした。

それはパイナップルに関する発見だ。

実は私は、パイナップルがどのようになっているのか、これまでよく知らなかった。それを今回バックウォーターで、初めて見た。

見て驚いたのである。

パイナップルはそんなふうになっていたのか！

思えば今までパイナップルがどんなふうになっているか、まったく気にしたことがなかった。そんなこと考える必要もなかった。ただ漠然とあれはリンゴのように大きな木にぶらさがっているか、もしくはヤシの実のように幹に集中してなっているか、もしくは根菜ふうに地中に埋まっているか、せめてスイカ状に畑でごろごろしているか、そのどれかだと考えていたように思う。だって他にどんな、なり方があるというんだ。

ところが現実のパイナップルは、なんと一本立ちしていたのである。

意表だ。意表を突かれた。

まるで巨大なアロエの中心にトロフィーが立っているみたいだった。

みんな知っていたのか。みんなあれを知っていながら平然とパイナップルを食っていたのか。

いや、そんなことは誰でも知っているのかもしれない。常識中の常識であるのかもしれない。読者のほとんどが今私の無知さ加減に呆れている可能性もある。しかし、私は笑われるのを承知で、あえて言わせてもらいたい。

パイナップル、お前は間違っている、と。

もっと自然体でいこうじゃないか、パイナップル。

なぜ不自然なのか冷静に考えてみると、こういうことではないか。

地面からまず葉があり、その上が茎になり、その上にあのイガイガした実がある。ここまではいい。問題なのは、さらにその頭にまた生えている葉である。下にも葉があり、頭にもまた葉がある。一本の木に実をはさんで葉が上下二回出てくるのである。おかしいじゃないか。

パイナップルは絶対に間違っている、と私は思う。

さらに南インドでは、もうひとつ驚くものを見た。

ラーメシュワラムの道端にロバがいて、チンポコが垂れていた。馬のチンポコがデカいことは有名だが、実際私もきちんと見たわけではない。このたび幸運にもロバのチンポコを見る機会を得、せっかくだから乗っていたリキシャを降りて、後学のために写真まで撮りつつよく見たのである。

ロバとはいえ、さすがに馬に似た形をした生き物だけあり、それはとてもデカかった。デカいことは予想どおりなので別にいいのだが、驚いたのはその形状である。先端が象の鼻のように開いていた。まるで何かをつかむか、あるいは吸い取るためにそれがあるかのようであった。

ロバとはいえチンポコたるもの、もう少しミサイル型というか、流線形というか、前へ前へというか、本懐を遂げるまでは生きて帰らじ、ふうな形をしているべきではないか。それが象の鼻やバキューム・カーのホース的に開いていては、ダメなのではないか。

病気なのでは、という説もあったが、そのロバはいたって健康そうであった。

「でも顔が泣きそうだよ」

「ロバはもともとそうなんだよ」

泣きそうなふりをして、チンポコでかいロバ。そしてその先端は吸い取る形である。

よくわからないぞ、ロバ。

実は何かものすごいことを考えているのではないか。

以上二点が南インドにおける発見であった。

まったくどうでもいい話のようにも思う。

覚えられない

いつも旅行ばかりしているせいか、人に会うと必ず聞かれるのが、「旅行中、言葉はどうしているのか」という質問である。

海外旅行へ行くにあたっては、なるべくなら現地語が話せたほうが便利だし面白いのだろうが、もともと記憶力が弱く外国語が苦手な私は、そういうことははなからあきらめている。私の記憶力のなさは相当なもので、たとえば小学四年生以前の記憶がほとんどない。私は一〇歳で生まれたのではないか、と思うほどだ。人の名前もちっとも覚えられず、サラリーマンだったときは、名刺をもらってそれをひとまずテーブルに置いた瞬間に、もう相手の名前が思い浮かばなかった。もちろん顔だって覚えられない。顔を覚えようと思ったら、相手の顔を「これを覚えるのだ」と心に念じながらジロジロ眺め、目の特徴は何、口はどんな感じなどと、いちいち分析して、きちんとデータとして取り込む必要がある。できればメモを出して、似顔絵にしてとっておきたいぐらいだ。

そんなわけで、何事もなるべく少ない努力で乗り切りたい私としては、たかが旅行に行くぐらいで頭にぐいぐい力を込めるのは面倒くさく、ガイドブックについている簡単な単語帳さえろくに眺めないで、出かけることが多い。

もちろん最初の頃は、文字の発音からいちいち覚えていたことも、なかったわけではない。しかし全部覚える前に出発日がきてしまい、日本語でたとえるなら〝あいうえお〟がそらで言えるぐらいになっただけで、何の役にも立たなかった。

その後考えなおして「こんにちは」「わたしの名前は○○です」みたいな基本単語だけは覚えることにしたものの、それも現地に着いた途端に忘れてしまった。「こんにちは」と「はじめまして」がこんがらがって咄嗟《とっさ》に出て来ないのである。言葉は瞬間的に使う場合が多いから、迷ってるようでは使えない。

そもそも「はじめまして」なんて旅行の重要な局面ではまるで役に立たないのだ。「私の名前は○○です」みたいな自己紹介にいたっては、使う場面などほとんどない。通りすがりの旅行者の名前なんて、誰も知ったこっちゃないのだ。

それよりもこっちが旅行中に知りたいこととして、ものの値段や、列車の時刻といった具体的な情報がある。そこで、よく使う「これはいくらですか」や「いつですか」だけ覚えて、なめらかに使おうとしたところ、相手も現地語で、○○だ、となめらかに答えてくれてさっぱり聞き取れなかった。下手に現地語を使おうとすると、そんなことになる。数字がわからないうちは現地語で「いくらですか」は禁句なのである。

こんなこともあった。私は東南アジアを旅行しているとよく現地人に間違われるが、ベトナムを旅行していたときにはカンボジア人と間違われ、カンボとあだなをつけられた。ミャンマーでもよく間違われたので、思いついて「チェノ・バマザガ・マピョタブ」というビルマ語を覚えることにした。〝チェノ〟は〝わたしは〟で〝バマザガ〟は〝ビルマ語〟で、〝マピョタ〟が〝話せる〟で、〝ブ〟は否定形だったと思う。すなわち、わたしはビルマ語が話せません、という意味だ。「わたしはビルマ語が話せません」「ああ、話せないのか」ですべては伝わるのではないか。

しかし長すぎてなかなか咄嗟に思い出せない。なんとか咄嗟に出てくるようやっきになって練習しているうちに、練習しすぎてうまくなり、今度は「わたしはビルマ語が話せません」「なんだ話せるじゃないか、やっぱりミャンマー人だろ」とますます間違われて大変困ったのであった。

結局そうやって試行錯誤のうちに、どんどん現地語を絞り込んでいって行きついた先は、言葉なんてまったくいらないのではないか、という発見である。何も現地で暮らそうとか何か研究しようというのではないのだ。たかだか旅行中の話じゃないか。どこの国の人間であれ、しょせんは同じ人間なのだから、日本語でもなんでも連呼していれば、なんとなく言いたいことは伝わるのではないか。

はじめて外国に行ったとき、トイレに行きたいときは英語ではレストルームというのかなと思い、「レストルームはどこですか」なんて聞いても全然伝わらず、漏れそうでモジモジしているのを見て「トイレ？」とむこうから尋ねられたことがあった。

つまり言葉でなく、態度と状況で伝わったのである。だいたいレストランで、まだ食事が始まってもいないのに立ち上がって店員に何かたずねる客は、国際的に七三％ぐらいの確率でトイレに決まってるのである。

私が思うに、難しい話はともかく、旅行中のたいていの問題は、言葉なしでもなんとかクリアできる。

ヨルダンで、おんぼろ乗合タクシーに乗ったところ、乗り込んですぐ運転手の男が何か私に注意する。何を言っているのか現地語だから全然わからないが、この場合状況的に、かつ相手の口調からも八一％ぐらいの確率で、半ドアだと言ってることが瞬時に理解された。そこで、あらためてドアを閉め直すと、さらにまだ何か言うので、依然として半ドアなのかと思って、もう一度しっかりとドアを閉じたところ、運転手がさらに怒りだささんばかりに何か注意する。何かはさまっているとでも言うのか、よく見ろ何もはさまってないぞ、と顔で訴えながらドアをドッタンバッタン開け閉めしていると、別の客が「ドアは静かに閉めよと言っているのだ」と通訳してくれたのであった。このように現地語がまったくわからなくても、ドアについて運転手が何か注意した、という点で私は間違っていなかったのである。運転手は顔が真っ赤になっていた。

これらの事実から、人間は言葉なしでも多くのことを伝え合えるのは明らかで、最初の「旅行中、言葉はどうしているのか」という質問に戻るなら、どうもしていない、が答えである。

ただ、まったく何も現地語を話さないのも相手に失礼だと思うから、最小限も最小限、単語ひとつぐらいは覚えていこうと最近は思っている。何かひとつ覚えるだけで、幅広く対応できるような便利な単語があればいい。

現段階で一番使えると思っているのは「ありがとう」だ。ただひとこと「ありがとう」だけ現地語で覚える。細かいことはいい。感謝の気持ちだけはともかく伝える。

仮に、謝るべきときでも、たとえばバスの中で誰かの足を踏んでしまったときも「ありがとう」だ。ちっとも謝っていない。もちろん「ごめんなさい」を知っているに越したことはないし知っていれば使うが、知らない場合がほとんどだから、そういうときは「ありがとう」でいく。

足を踏まれたと思ったら、外国人に申し訳なさそうな顔で、「ありがとう」と言われる。

さぞ腰が砕けるだろう。腰は砕けるけれども、顔の表情と、使いまちがえた「ありがとう」という優しい語感から、申し訳ない気持ちは伝わってくるのである。結果的に全然まちがえているが、少なくともこいつは謝ろうとしている。その意思やよし。現地語に堪能な現地人はきっとそう思ってくれると信じたい。

まったく情けないといえばそうなのであるが、それで何とかなってきたから旅は不思議なのだった。

ペトラ行きと地球シマシマ仮説

中東へ行くことにした。

世界の平和を願うなら、中東問題は避けては通れない。今世紀すみやかに解決すべき最重要課題のひとつと言えるだろう。特に現在、パレスチナはかつてないほどに緊迫の度合いを増しており、私としても無視するわけにはいかないので、まずは自分の平和を願ってイスラエルを避けて通ろうと思う。

さて、なぜ中東へ行こうと思ったかというと、理由はペトラである。

ペトラというのは、ヨルダンにある紀元前四世紀から紀元後四世紀頃まで栄えていたとされる古代王国ナバティアの遺跡で、断崖絶壁に挟まれた岩の裂け目のような細い通路の先に、突然バラ色に輝く神殿エル・ハズネが現れる神秘的な光景があまりに有名である。映画『インディ・ジョーンズ最後の聖戦』のロケ地にも採用された。

いつか行きたいと思いながら遠いので先延ばしにしてきたが、あるときふと、地球上で自分の行きたいところを片っ端から書き出してみたところ、あまりにたくさんあって次々行かないと全部見ないまま人生が終わる可能性があると気づき、とにかくまず憧れのペトラを見ておこうと思ったのだ。

さらにせっかくヨルダンまで行くのだから、ついでにシリア、レバノンも行くことにしよう。シリア、レバノンに何があるのか知らないが、宮崎市定の『西アジア遊記』を読んで研究したところ、このあたりは歴史上非常に重要な地域だったのであって、それは地中海の地図と瀬戸内海のそれを比較すれば一目瞭然なのだそうだ。

なぜ唐突に瀬戸内海と比較するのかは謎であるが、ジブラルタルを下関と重ねれば、シリア、レバノンは大阪平野の位置にくる。「大阪は日本史上、仁徳天皇の御代を除き、かつて政治の中心となりしことなかりしため、とかくその重要性が閑却されやすいが、そのわが国内における東西の交通上に占むる位置の重要さは、けだし絶大なるものがある」らしい。そうか、シリア、レバノンは大阪だったか。アラビア語における関西弁のようなものを喋っているのかもしれん。そう言えばヨルダンはローマ字で読むと冗談である。

この地中海＝瀬戸内海比較地図によると、ローマは広島であり、アテネは岡山で、キプロスが淡路島になる。メソポタミアは濃尾平野なので、名古屋はバグダッドということになろうか。

こうした比較で思い出すのが、日本列島が世界の大陸と対応しているという有名な話である。本州がユーラシア大陸、四国がオーストラリアで、九州はアフリカ、北海道は北アメリカで、南アメリカについてはどこへ行ったか知らんがカタチ的に淡路島を当てるとして、同様に瀬戸内海が地中海で、琵琶湖はカスピ海ということになる。さらに、伊豆半島がインド亜大陸で、アラビア半島は紀伊半島で、黒海は一庫ダムである。「なんじゃ、そのダムは」という人もあろうが、位置的にそうである。一庫と書いて、ひとくらと読む。

この日本列島世界地図理論でいくと、私はトルコのイズミールで生まれ、グルジア育ちで、現在中国のトルファンに住んでいる。今日は西安の紀伊國屋で本を買ってきた……なんて話でいくらでも遊べるんだけど、今私はペトラの話をしているのだった。西安なんかどうでもいいのだ。もとはと言えば宮崎市定がいけないのであるが、こうなったら脱線ついでにさらに脱線して、私の地球史に関する新説を披露してみたい。実は前々から言っておきたかったことがあるのだ。

大陸移動に関する私の画期的発見である。大発見なのでぜひ聞いてほしい。

かつて地球上の大陸はゴンドワナという巨大なひとつの大陸で、それが分裂と移動を繰り返し、今の形になったと言われる。そう聞くと、大陸はプレートの動きにしたがってでたらめに動いたかのようだが、私は、実はそこには一定の法則が働いていると思うのである。つまり、現在の世界地図は大陸がでたらめに動いた結果ではなく、収まるべきところに収まっているように見えるのだ。

説明しよう。誰が見ても明らかなように、全体として世界地図はスイカふうに縦縞模様になっている。すなわち太平洋、南北アメリカ大陸、大西洋、ヨーロッパ＝アフリカ大陸、インド洋、アジア＝オーストラリア大陸、と陸と海が交互に並んでいる。そして南北の極は、海もしくは大陸としてバランスよく独立している。

大陸がテキトーに動いたにしては、なぜ南極大陸は均等に海に囲まれ、北極海はまあるく陸に囲まれているのか。縦縞模様といい、全体に大陸の配置はバランスがよすぎる。なぜだろうか。

答えは簡単だ。それは地球の自転にしたがって陸地が均一にバラけたのだ。

大陸移動は局所的にはでたらめでも、全体としてはうまくバランスをとるように散らばっていくのに違いない。

科学雑誌などの予測では、地球の大陸はいずれ何億年もするとまたひとつの超大陸にまとまっていくそうだが、そんなはずはない。むしろもっと完全な縞々になっていくと私は見る。そのほうが回転効率がいいからだ。

この理論でいくと、現在一カ所だけ理屈に合わない場所がある。インド洋がそれだ。インド洋だけ北極海に通じていない。なので、これから何万年かするとユーラシア大陸が東西に分裂し、インド洋が縦に伸びるというのが私の予測である。そうして最終的に三つの海と三つの大陸ベルトが交互に並ぶのだ。私も含め、まだの人は今のうちにシベリア鉄道に乗っておくことをお薦めする。

以上が私の画期的な地球シマシマ仮説なのであるが、これは案外本当なのではないかと自画自賛している。自賛ついでにもうひとつ身近なところで、淡路島についても新説を述べたい。どんどん脱線していくが、これも大発見なので聞いておいて損はない。

実は淡路島は琵琶湖である。地図をよく見ると、一目瞭然だ。

私の見た限り本州から琵琶湖部分を抜き出して大阪湾に捨てたのが淡路島である。大きさ的にもまったく合致する。このことから本州はむかし、グリコのスポロガムだったことがわかる。

さらにこのほか〝北海道＝サザエさん〟説とかいろいろあるんだけど、このままいくと最後まで読まれない気がしてきたので、話を突如戻して中東である。

中東観光の主翼を担うのはローマ時代の遺跡だ。あの一帯はそこらじゅう遺跡だらけで、たしかに「東西の交通上に占むる位置の重要さは、けだし絶大なるものが」あったことがうかがえる。しかし私には、ローマ遺跡は円形劇場と崩れた柱ばかりでどれも同じに見え、退屈なので結局パルミラもバールベックも行かなかった。これらは中東でも最有力観光地なのであるが、なぜかローマふうだと見る気がしないのだ。

唯一訪れたローマ時代の遺跡は、シリア南部にあるボスラである。当初行く予定はまったくなかったが、たまたま会った日本人旅行者が、

「私のシリアベストワンはボスラです」と言い、

「何がいいんですか」と聞くと、

「ふつうローマ劇場の遺跡って円形の観客席は残ってますけど、舞台側の建物って残ってないじゃないですか。ボスラはそれがちゃんと残ってて、今でも音響効果が抜群なんです。舞台で歌うとそれがよくわかります」

「はあ」

「宮田さんもぜひボスラに行くといいですよ、思う存分歌えますから」

「別に歌いたくないですけど」

「私は三曲歌いました」

「はあ、そうですか」

「ボスラは歌えます」

「でも、私は別に……」

「歌えるのになあ」

と言うからつい出かけてしまったのだ。しかし到着してみると子供の団体が劇場内で走り回っていて歌うどころではなかった。実は一泊して夜中に劇場に忍び込んで歌うのが、ボスラの攻略法らしい。そういうことなら泊まればよかったけれども、夜はかなり不気味なので、旅行者の間では複数で出かけるのが通例とのことだった。

そんなわけで本質的に遺跡にあんまり興味のない私なのだが、ペトラは別である。

ペトラはローマ人の遺跡ではない。ローマよりもずっと古い時代からあり、建築様式も石を積み上げてつくってある他と違って、自然の地形を利用し岩を削ってつくられているおかげで、風化で崩れ去ることなく、都市の風貌をはっきりと残している。ペトラは中東の遺跡の中でも異質なのだ。

朝早くから開門しているので、私は七時頃出かけてまだ観光客の少ない遺跡を満喫した。入場すると、しばらく川沿いの道を下り、やがてシークと呼ばれる断崖に挟まれた細い通路が現れる。何よりもペトラを魅力的にしているのがこの通路だろう。こんな細い割れ目のような小道の先に、巨大な都市があるとはにわかに信じがたい。敵の侵入を防ぐ天然の要衝なのだ。しかもこれが一キロ半も続く。

延々と歩いてようやく最初の神殿エル・ハズネに出会うときがやってきた。

この瞬間。この瞬間のために私は来たのだ。突如、岩の割れ目から現れるバラ色の神殿。

すべてはこのために三週間も仕事を休んでやってきたのだ。

おお、なんと神秘的な光景であろうか！

と思ったら、ぶうううんという音が聞こえて、後ろからゴミ清掃車が私を追い抜いて行った。

なんでやねん！　敵の侵入を防ぐ天然の要衝と違うんか。車通れてどうする。

よく見れば、たしかに細い通路ではあるのだが、それは谷が深すぎるためにそう感じるのであって、車ぐらいは楽に通れる幅なのだった。

そういうわけで、エル・ハズネでまあそこそこに感動し、死ぬまでに行っておきたいマイ名所をともかくひとつクリアしたのである。

いつの日かファミリーレストランで

論破

　何の約束だったか忘れたが、約束の時間まで間があったので、本屋に入ってぶらぶらしていると、突然背後から声をかけられた。

「ずいぶん熱心に見ておられますね。芥川とかお好きなんですか」

　見ると、頬のこけたメガネの男が立って、にこにこしている。まだ若い男である。知らない顔だった。

「私、実は芥川について研究している者なんですが。少しお話を聞かせてもらえませんか」

　とその男は言った。

　いきなり何だこいつは、と吃驚したが、男の表情がまるで子供にでも話しかけるような、全面的にあなたを許しますみたいな笑顔だったので、私は瞬時に事態を理解した。

　これは、新興宗教の人だ。

　おそらく芥川はきっかけをつくるための作戦で、目的は勧誘だろう。本屋で誘うとは珍しいパターンである。甘いな、こっちはお見通しだ、と思ったけれども、時間を持て余していたこともあって、不意に私の中に、ある考えが浮かんだのだった。

この男を論破したい。

そう思ったのである。その全面的に人を許します顔が、私を苛立たせた。そして論破だけに止まらず、この際、出来れば男が自分の間違いに気づいてその新興宗教を脱会するところまでもっていきたい、と考えたのである。それで、お茶でも飲みながら話しましょう、と誘われるままについていった。

喫茶店に入ると、宗教の男はまず、

「お仕事は何ですか、学生さんですか」と笑顔のまま聞いてきた。

「普通の会社員です」私はてきとうに答えた。

「ほう、会社員ですか」

その笑顔をいい加減やめてほしいのだが、それにしても次の質問は唐突だった。

「何のために働くのか、考えたことありますか」

いきなりであった。芥川はどうなったのかと思わないでもないが、最終的にそっち方面に来ることはわかっているので、それならそれで話が早いと思い、

「そこから何かを得るためでしょう」

とむこうが乗ってきそうな感じで答えた。

「お金ですか」

「お金もあります」

「なれるものなら、なりたいですね。なって損はない」

と、語尾でちょっと挑発してみたりした。

「そうでしょうか」男は身を乗り出した。

「ええ」

「そうと言い切れますか」

「はい」

「でも死んだらあの世へお金は持っていけませんよ」

「それはそうです。当たり前でしょう」

宗教の男は視線を落として、ああかわいそうに、というように一旦少し笑顔を強め、

「こんな話があります」

と切り出した。いよいよだ。

「王様がある男に、杭を何本か手渡し、こう言いました。日の出から日没までの間にこの杭で囲った全部の土地をお前にやると」

なんだなんだ、いきなり王様って誰なんだ、と思いながらも、そう言っては身も蓋もないので黙って聞いていた。

「男ははりきって日の出と同時に出かけました。そしてどんどん遠くへ歩いていきました。昼が近くなると、男はそこに杭を一本立て、方向を変えてまた歩き出します。さらにずっとずっと歩いていくと、やがて日が傾き始めました。それでも男は戻ろうとせず、少しでも多くの土地を手に入れるためにどんどん歩いていったのです。夕方になって、ようやく男は方向を転じて、杭を一本立てると、スタート地点に向かって歩き始めました。ところが日はどんどん傾いていきます。男は焦りました。そして、このままでは日没までにスタート地点に戻れないのではと思い、走り出しました。日はどんどん傾いていくので、男はがむしゃらになって走ります。だんだん息が苦しくなってきましたが、日没に間に合わないとすべての苦労が水の泡です。そして走って走ってやっとの思いで、スタート地点に戻ったとき、ちょうど日没になったのです。男は『やった、間に合った』と叫んでその場に倒れ、二度と起き上がることはありませんでした。

死んでしまったら、あの世に土地を持っていくことはできません。男の苦労は一体何だったのでしょう。人生はそんなものだと思いませんか」

なんじゃそりゃ。

なんて都合のいい話なんだ、勝手に自分で男を死なせてるだけじゃないか、と突っ込みそうになったが我慢した。まず相手の土俵で話をしなければ、せっかくのカモが逃げてしまうのである。

「そうですね。人生そんなもんです」と私は答えた。

「虚しいでしょう」と男は言った。

「別に」

「どうしてですか。男は幸せだと思いますか」

「ええ、目的を達成して満足して死んだのだから、幸せだと思いますよ」と私は言った。

「死んだら、土地もお金も何の意味もないのですよ」

「だからこそ、何だっていいんじゃないですか。本人が満足すれば」

「では、あなたは自己満足ならそれでいいんですか。なら人をだましてお金を儲けて、それで自分だけ幸せで、それで満足ですか」

「そうは言ってません。男は別に人をだまして土地を手に入れたわけじゃないでしょう」

そう答えながら私は手応えを感じた。いい切り返しである。

これで勝ちだな。と思ったら、宗教の男は粘る。

「では、この話はどうです。

ある国に三人の王子を持つ王様がいました。王様は息子たちのためにやがて自分が死んでも何か残るものをと一生懸命働いて、国土を広げ、最後には大きな領土と莫大な富を築きました。しかし王様の死後、王子たちはこの領土と富をめぐって争い、国は三つに分裂してしまったのです。さらに王子たちは互いの領土を奪おうとしたため戦争になり、ついに国は荒廃し、三人とも度重なる戦いのうちに命を落としました。王様が王子たちのためにと思って蓄えた富や領土が、逆に王子たちの命まで奪ってしまったのです。皮肉なことだと思いませんか」

「皮肉ですね」

私はつきあった。

「歴史の教科書を見れば、これと似たような話がたくさん出てきます。一体これはどういうことなのでしょうか。その一方で、貧しくても、一家が互いに助け合って幸せに暮らしている家庭が世の中にはたくさんあります。こうした貧しい家庭と、巨万の富を築いて結局は崩壊した王様の一族と、どちらが本当に幸せなのでしょう」

「巨万の富を築いたけど、お互いに助け合って暮らしている家庭があるでしょう」

どうだ。まいったか。

が、宗教の男は頑《かたく》なである。

「それは理想ですよ。しかし現実はそうはいかないのです」

「そうでしょうか。そうとも限らないでしょう」

私も切り返した。

「いいえ、歴史がそれを証明しています」

「そうかなあ」

「では、例えばどこにそういう家庭がありましたか。あなた知っていますか」

「いや、知らないよ、そんなことは」

「逆の例はいくらでも歴史の教科書に出ている。ということは、やはりそうなのです」

「理屈が強引な気がする」

なんか、ちょっと面倒くさくなってきた。

「どうしてですか。帰納法ですよ」

「帰納法?」

帰納法って何だっけ? なんかそんなの勉強した気もするが、何だったか忘れた。

「そうです。ひとつの例に全体が現れているのです。一事が万事ということですよ」

男は調子が乗ってきて、私の疑いなどお構いなしにどんどん先へ展開していく。やっぱりこんな男を相手にしたことを後悔してきた。新興宗教の人に間違いを気づかせようなんて、だいたいが余計なお世話だったのだ。誰が何を信じようと私の知ったこっちゃないのである。

「あなたは、帰納法を否定するのですか」

「いえ、でも……なんか……違う気がするなあ」

もうやっぱり帰りたい、と思った。

「あなたは人生について真剣に考えたことがないんじゃないですか」

男はどんどん本題に入っていくようである。一方で私は完全に戦意を喪失していった。

「そんなことはないですよ」

「あなたは何のために生きているのですか」

「何のためにって、ひとことでは言えないですよ」

「真剣に考えたことがないから、ひとことで言えないのです」

ええい、面倒くさい。それに人を馬鹿にしている。

「じゃあ、あなたはひとことで言えるんですか」

私は一発奮起して、そう尋ねてみた。おそらくそのへんが話の結論であろう。何であれ、その結論を一笑に付してやり、それでおしまいにしようと考えた。

「ええ」男は自信たっぷりに答えた。

「何ですか」

「聞きたいですか」

「ええ」

　すると、男はまことにもって嬉しそうな表情でこう言ったのである。

「それはお答えできませんね」

「どうして」

　いらいらした。

「あなたにもっと考えてほしいからです。真剣に生きないと、そのうちとんでもないことになりますよ」

　そして男はそれ以上私を勧誘することなく、自分の金だけ払って席を立って行ってしまったのだった。

　私は喫茶店に取り残され、しばらく呆然と座っていた。やがて釈然としない気持ちであたりを見回すと、店は相当に混み合っており、周囲のほかの客には間違いなくわれわれの会話が聞こえていただろうと思われた。

　なんだか悔しかったうえに、めちゃめちゃ恥ずかしかったのである。

旅と意表

以前、サラリーマンが通勤途中にふと思い立って温泉に行ってしまうテレビCMがあったが、私もそういうふうに旅立ってみたいと常々思っていた。

宿を決めずに旅に出たことはあるが、それはそういう旅をしようとあらかじめ予定して、行き先も大体見当があって行くのである。ふと思い立って、というのとは違う。

もともと私は旅行好きなため、いつも旅行の予定ばかり立てていて、出発は何日も前に決まっていることが多い。

しかしそうでなくて、ふと、行きたいのだ。まったく思いもよらなかった瞬間に突如出かけたい。つい昨日まで、まさか今日旅に出るとは思ってなかったという唐突さが欲しい。そうやって旅立てたときの解放感はどんなにすばらしいかと思う。

まだサラリーマンだったとき、仕事は勝手に休めないので、いきなりの旅立ちは出来なかったが、そのかわり行き先を急に変更する旅というのを考えた。

三連休などがあると、あらかじめたとえば金沢にでも行ってみようと考える。そしてガイドブックを見て、時刻表なんかも調べ、金沢に向かってコンセントレーションを高めていく。前夜ベッドに入るときも、ああ明日から金沢だと、金沢の旅について想像をめぐらせたりする。

で当日、駅までは金沢のつもりで行き、いざ切符を買う段になって、いきなり行き先を変更するのである。

行き先はどこでもいいが、まだ行ったことのない場所を唐突に選ぶ。例えば金沢あらため青森とする。

おお、青森、ガイドブックも何もない。

それでガイドブックは現地で買うことに決め、とりあえず青森行きに乗ってしまう。

意表である。

まさか自分が今この時間に青森行きに乗っているとは思いも寄らなかった。昨日はてっきり金沢へ行くものと思っていた。と、この予想外の列車に乗っているという感動がうれしいのである。

これは「いないいないばあ」に似ている。手で顔を隠して「いないいない」、そして急に手をのけて「ばあ」だ。あれは赤ん坊にいないと見せて、実はいるのである。フェイントだ。意表を突いている。赤ん坊にすれば、いないと思っていたものが、いたわけで、それが心に感動を呼ぶのである。

私の場合は金沢と思っていたものが、青森である。うれしい誤算というのか何というのかわからないが、意表を突かれてワクワクする。青森はどんな町だろうと、そのときになって思いをめぐらせたりする。

しかし、実はこれもなかなか難しい。金沢に行くふりをしながら、心の中では突然変更しようとあらかじめ目論んでいるのだから、自分は行き先が金沢でないことを知っているのである。赤ん坊の例で言うなら、母親が顔を隠しても、

「ちぇ、いないったって手の裏にいるじゃないかよ」

と赤ん坊が言ったらおしまいである。そこをぐっと我慢して、金沢金沢と思い、他の旅先には検討の余地を与えないようにするのがコツだ。しかし知っていることを知らないいつもりでいるのは大変で、忘れてしまえば話は早いのだが、そうすると本当に金沢に行ってしまって普通である。忘れないけれども、思い浮かべないという、その塩梅が難しいのだった。

そんな旅を私はちょっとした連休があるたびにやっていた。

本当はさらに、三連休のつもりが四連休、帰ると見せて帰らないというようなのもやってみたかったが、そうもいかないサラリーマンである。同僚のタケウチは海外旅行先から休み明けに電話を入れ、

「チケットの日付を一日間違えてました。明日から出社します」

と果敢にみんなの意表を突いたが、それは確信犯だからダメである。

今そこにある四次元

むかし東京大田区の大森というところに住んでいて、JR京浜東北線で新橋にある会社に通っていた。二年ほど通ったころ、わけあって別の場所に引っ越すことになり、引っ越す前の朝、いつもの通勤電車に乗って、明日からはこの景色は見ないんだなあなんて思いながら、それなりに感慨深く窓の外を眺めていたのである。地図で見てもらえばわかるとおり、大森から新橋まではおおむね直線で、時間にしても一五分か二〇分ぐらいのことだし、二年かけて見慣れすぎた景色には何の発見もないと思われた。

ところが、突然、電車がまったく身に覚えのない場所でカーブしたのである。

あれれ？

驚きつつ外を見ると、たしかに線路がカーブしている。

こんなところにカーブあったっけ？

今朝になっていきなりカーブしたはずはないので、つまりそれは二年間毎日カーブしていたのだろう。今の今までまったく知らなかった。

果たして本当にこれまで毎日曲がっていたのだろうか。

ひょっとして今私は、人知を超えた謎の作用によって、まったく別の次元に瞬間移動したのではないか。新橋にたどり着いてみれば、私が勤めている会社などどこにも見当たらず、人に尋ねても「さあ、ここにそんな会社、ありましたかいなあ」「たしかに昨日まであったんです」「はて、どうでっしゃろ。あんさんの思い過ごしとちがいますか」という展開になって、自動的に今日は会社休みというような面白い事態が待ち受けているのではないか。

なんてことを考えたけども、ま、実際には私の会社はやっぱりあって、休みじゃなかった。残念である。


初めて東京に出て来たころ、渋谷駅周辺のどこだかわからないビルの上のほうの階で奇妙なバス乗り場を発見したことがあった。バスの背後にほかのビルの屋根が見え、どうやってこんな高いところにバスが登ってくるんだと思った不思議な風景だった。

その後一度もそこを通ったことがなく、あれは本当に見たのだろうか、記憶違いではないか、と疑わしくなってきたとき、たまたま読んだ『コミさん　ほのぼの路線バスの旅』（田中小実昌）に、「渋谷駅の東急線から井ノ頭線にぬける二階から大井町行きのバスにのる。こんなところにバス乗場があるのは、あまり知られていない。東急バス一六〇円。」というくだりがあって、やっぱりあのバス停はあるんだ、もしくはむかしあったのだと思った。二階というのは記憶と違うが、渋谷は再開発が盛んだから、階が変わったということもある。それで、先日渋谷へ行ったついでに見に行った。

渋谷駅周辺は迷路のようにごちゃごちゃして、ふだん使い慣れていない駅はどこに何があるのかわからない。東急線がわからず、名前的に東急文化会館という建物が怪しいとにらんで歩いていくと、ビルの二階には一〇分一〇〇〇円という散髪屋があって、バス停なんかどこにもないじゃないかと思いながら行きがかり上、散髪した。

そのあと今度は井の頭線のほうへ歩いていくと、新しくできたマークシティというビルの五階に高速バスのバス停があるらしい。二階ではないが、むかし私が見たのはそのぐらいの高さだった。行ってみたら、果たしてそこがかの不思議なバス停で、ここだここだ何年かぶりに見た、と感慨にふけったのである。

わからないのは、どうやってこんな高いところにバスが登ってくるのかということだ。そもそもわざわざ五階にバス停をつくる意味があるのか。

私はバス道を勝手に歩いて、どうやって地上へ出るのか確認してみた。すると、坂の多い地形の関係で、ビルの裏側では四階が地上なのだった。つまり表は五階でも裏は二階なのだ。なるほどな。コミさんの二階もこれのことかもしれない。わかってしまえば、どうということもなかった。こういうのは謎が解けると面白みは減るが、それでもちょっとだけ四次元的な味わいが楽しめたので満足である。

中央線の高尾からもう少し西へ行った四方津《しおつ》という駅の近くに、奇妙な住宅街があると前々から聞いていた。

そこは駅そばの高台にあって、長いエレベーターに乗ってあがっていくらしい。駅周辺はいまだに丸いポストなんかが立っていそうなさびれた田舎なのだが、上にあがると突然近代的なニュータウンが広がっているのだそうだ。高台はちょうどギアナ高地のようにそこだけ盛り上がっており、まさにロストワールド的な不思議住宅地なのである。このたび中央線に乗って出かけてみることにした。

中央線は、東京郊外の高尾までは郊外のベッドタウンとしての雰囲気を車窓に残しているが、高尾を過ぎると途端に〝日本のふるさと〟化する。山が迫り、川が流れて、民家もパラパラ。こんなところにニュータウンがあるのか、と思いながら四駅進むとそこが四方津である。四駅といっても高尾を過ぎるといきなり駅の間隔が長くなるから、相当遠くまで来た感覚だ。

駅に隣接する山の斜面に屋根付きのエスカレーターが見えて、あれだなと思った。周囲は山間の田舎ふうで、エスカレーターがそこだけ銀色っぽく妙に浮いている。噂では『千と千尋の神隠し』の引越し先のモデルになったなどと言われているが、印象は全然違う。下から住宅地がまったく見えないのだ。知らない人はエスカレーターが一体どこへ続いているのか見当もつかないはずである。

乗り場まで行ってみると、同じ電車で降りた乗客が先についていて、どうやらエレベーターを待っているようだった。エスカレーターだけでなく斜行エレベーターがあるのだ。エスカレーターのほうが待たずに乗れていいが、通勤時しか動かないらしい。しかも一本しかなく、片道運行である。ということは仮に通勤時に下で忘れ物に気づくと、登り返すにはエレベーターを待つか階段で登ることになる。忘れ物ひとつで相当面倒くさい。

斜行エレベーターは動きが遅く、なかなか来なかった。なにしろ長さは二一〇メートル、高低差にすると一〇〇メートルあって、所要四分、エスカレーターだともっとかかる。

ようやく来て乗ったエレベーターは、ガラス張りで風景がよく見え、急いでなければケーブルカーのようで面白かった。四分というのは、たとえば女の人が知らない男性とふたりきりで乗るはめになった場合、なかなか怖いんじゃないかと思いつつ、頂上駅で降りる。

降りたら、ニュータウンだった。

目の前にスーパーと信用金庫があり、その先にどれも似たような住宅が整然と並んでいる。

不思議だ。さっきまで田舎だったのに。

私は高野山を思い出した。高野山も深い山の上に突如大きな街があらわれる。あと行ったことはないが、ペルーのマチュピチュなんかもそうなのかな、と思った。あれはもう遺跡だけど、かつてはその時代の人にとっても、妙に宙に浮いた感じのする四次元都市だったのではないか。

四次元ニュータウンを歩いてみる。

昼間の住宅街は閑散として、人の気配がほとんどなかった。スーパーの中だけは、どこにでもあるスーパーと同じように音楽が流れていたり店員もいて、それなりに活気があったけれど、街は不気味なほど静まりかえって、公園に三人ぐらいの子供が遊んでいるだけだ。とぼとぼ歩いてみても、まるでキリコの絵のように誰もいない。

小ぎれいだけど個性のない家が並び、いったい私はどこに来てしまったのだろう、帰ろうと思ったらエレベーターが消えていて、この街に閉じ込められたりするのではないか。「エレベーター？　さあ、そんなもの知らないね」とか老婆に言われるのではないか。なんて思っていると、ようやく老人がひとりいて、大きなハサミをもって無言で庭の植木をチョキチョキ手入れしていた。ああ、いた、いた、と思ってしばらく歩くとまた別の家に老人。その老人も大きなハサミで庭木をチョキチョキしていた。

どうして同じなんだ。本物の老人なのか。

これは〝無言の老人、大きなハサミでチョキチョキ〟というホログラム映像が随所に配置されているのではないか。シュールだ。シュールすぎる。

私はこの『マトリックス』というか『トゥルーマンショー』のような、非現実的な現実感を堪能しながら、住宅街をぐるっと歩いてエレベーターまで帰ってきた。嘘のような空気が、強烈なインパクトだったのである。

ちなみにこのエレベーター、現地ではブリッジと呼ばれている。橋なのだ。現実の世界と四次元の世界を結ぶ橋、という意味かもしれない。

ところで四次元といえば、まさに昨日電車のなかで四次元な人に出会ったので最後に報告して終わりにしたい。

この日の四次元な人は、サングラスをかけて一見ちょっとスカした兄ちゃん風の男だった。車内で誰に話しかけるでもなく、いきなりこうわめいたのである。

「東京はもうすぐ全滅。北朝鮮の核で全滅。アメリカも守っちゃくれねえ。アメリカは日本なんか守っちゃくれねえ」

突然あがった叫び声を聞いて、乗客はたじろいだ。そして、遠巻きに知らないふりをしたり、女性客の一部は隣りの車両に移ったりした。

男はまわりの反応に気づいているのかいないのか、まったく気にせずわめき続ける。

「カルロス・ゴーン、日産乗っとり。再生と言いつつ、日産乗っとり。日産の技術はみんなフランスに持っていかれた」

男はどうやら、北朝鮮とゴーンが嫌いらしい。みんな、触らぬ神に祟りなしという構えで、男が下車するのを静かに待っていた。うるさいけれど、危害を加えるわけでもなし、かかわって面倒なことになりたくはない。無視だ、無視。そんな空気が車内に漂っていた。

「でもな、ゴーンよ」と男は言った。

聞くつもりはないとはいえ、大声なのでつい聞いてしまう。

「見てろよ、ゴーン。お前がフランス帰ったらな……」

そのあと男が叫んだ言葉に、私は思わず座席からずり落ちそうになった。

「お前がフランス帰ったら、フランスが、九州になってるぞ」

えええ、フランスが九州に！

私の脳裏に一瞬、パリ市民が全員武田鉄矢になって髪をかきあげながら練り歩いている映像が浮かんだ。

四次元の世界では、何が起こるか予想もつかないのだった。

原子炉の中で散歩

これまでに私が行った場所のなかで一番スゴいところについて書こうと思う。

もうグレートジャーニーにも負けないぐらい物凄いところなのであって、どこかと言えば原子炉の中である。

原子炉を外から見学したのではない。チッチッチ。もう一度言う。

原子炉の中だ。

もちろんそんなところ行きたくて行ったわけではない。かつて広告の制作ディレクターだったとき、原発で働く技術者の求人広告をつくれという仕事が回ってきたのだった。私はさっそく技術者に会うべく原発取材に出かけ、そこで話を聞くだけのつもりが、どういうわけか原子炉の中まで入ってしまったのである。

入ったのは、かの動力炉核燃料開発事業団、もう解散してしまったが略して『どーねん』の、当時は日本最強の原子炉であった『もんじゅ』だ。聞くところによれば、日本で唯一の高速増殖炉ということだった。ふーん、高速増殖炉だったのか、ってよくわからないが、しかし字面的に見ると高速で増殖するというのだから、凄いのである。『どーねん』の担当者の話では、普通の原子力発電所よりも六〇倍もぐわあああっと増殖するとのことで、何が六〇倍もぐわあああっとなるのか知らないが、そんな原子炉に入ったら、私も六〇倍になったりしないか。それが心配である。

原発というと、最近のたび重なるトラブル隠しや、放射性廃棄物の処理はどうするつもりか、あるいは世界的に原子力廃絶の方向にあるなか、なぜ日本だけいつまでも推進するのか、といった問題に関心のある読者も多いと思うが、そんなことより気になるのは私であって、本章では、さしあたり自分の身の上だけ心配することにする。

さて、さっそくだが、私はその日、ライター、カメラマンと三人で、ＪＲ敦賀駅から車で四〇分、敦賀半島の先にある『もんじゅ』へと向かった。

われわれの乗ったタクシーの運転手は温厚そうな初老の男であったが、どこか寂しげなかげが、額のシワのあたりにただよっていた。原発銀座と呼ばれ、何基もの原発が居並ぶ敦賀半島住民の苦悩といったものが、そこににじみ出ているように思われた。

私には彼らの悲しみを癒すことはできないが、一個の人間として深く哀悼の意とかを表しつつ、ちょっと眉毛を八の字にした神妙な顔で、原発があって地元の人はつらいでしょう、とすかさず声をかけた。

するを運転手は、私の心温まる言葉に、しみじみとこう答えたのである。

「いや、もう一個つくってほしいぐらいですわ」

んあ？

聞けば、発電所建設の労働者がわっと来る↓タクシー儲かる、というのが彼らのロジックであるらしい。建設業者がどっと来たころには、タクシーだけではなく、パブやスナックなども一挙に増え、ちょっとした原発景気に町が沸いたそうである。いくら金のためとはいえ、放射能浴びていいのか。いや、公式にはとくに浴びる必要はないのだろうが、実際には何が起こるかわからないではないか。

などと呆れつつしばらく走っていると、美しい砂浜のむこうに原発らしきものが見えてきた。

「あ、あれが『もんじゅ』ですか」

「いやあ。あれは美浜原発だ」

と運転手は答えた。

「それはひょっとして、むかし放射能漏れ事故があったあの美浜原発ですか」

「そうやね」

「こんな近くを通って大丈夫なんですか」

「さあね。考えたこともないね」

タクシーはそのまま美浜原発の横を通りすぎた。

いいのかそれで。少しは考えたほうがいいんじゃないのか。

周囲に放射能が残っているといけないので、身を隠したいところだったが、放射能はシートに深く身を沈めるぐらいでは防げない。コートを頭からすっぽり被ったってだめである。しかたなく私は、裏をかいて、何もやましいことはないという態度で堂々と通りすぎた。あまりのさりげなさに、放射能のほうでうっかり見逃すかもしれないという作戦である。

そうこうしているうちに、やがてわれわれを乗せたタクシーは『もんじゅ』に到着。

タクシーを降り、発電所の人の案内にしたがって敷地内へ入る。

巨大なドーム型の『もんじゅ』が、日本海に面した山を切り崩して建っていた。環境に配慮して原子炉の外観などは緑色に塗ってあるのだそうだ。

「魚から見えるんですよ。寄りつかなくなるんですよね。地上にヘンなものがあるなって。だから自然な色に塗るんです」

案内してくれた人はそう言っていたが、魚としてもうっかり寄りついて六〇倍に巨大化するよりいいのではないか。だいたい原子炉に魚おびき寄せてどうするか。全然関係ないじゃないか。そういえば、これは火力発電所で働いている人から聞いたのだが、火力発電所は冷却水の排水口にクラゲがつまると発電設備がヒートアップして一大事になるそうである。なのでクラゲが排水口に近寄らないよう、万全の警戒態勢が敷かれているという。原子力発電所だって排水口はあるはずで、ならば生き物が寄ってこないほうが好都合じゃないかと思う。

まあしかし魚の話はどうだっていい。問題は人間だ。

ざっと外観を見学したあと、案内の人がこう言ったのである。

「ではさっそく原子炉の中に入ってみましょう」

へ？

私は耳を疑った。この人は一体何を言い出すのか。

われわれがこうして原子力発電所にやって来たのは、現場で働く人の仕事ぶりを取材するためである。原子炉の中で働いてるのは、燃料のウランとかプルトニウムぐらいだろう。そういう生き物でもないものに取材して、どうするか。われわれとしてはべつに原子炉の中まで見なくても全然いいのであって、だいたい人間が原子炉に入って無事生還できるのか、ええ。きみ、頭おかしいのか！

と、動揺のあまり広告主に対して危うく横柄な口をききそうになったが、なんでもこのときはまだ建設工事が完了しておらず、核燃料も入っていないから放射能も何もないとのことであった。それを早く言わんかい。

　こうして私は原子炉に入ることになった。

　原子炉に入るには、まずエアロックを抜ける。

　実際はそれをエアロックと呼んでいいのかどうか知らないが、潜水艦調の鉄のハンドルがついた重厚なドアを二枚くぐり、短い廊下を通り抜けるようになっているのである。そこをカツカツカツと金属音で歩いていくと、Uボートというか、K‐19というか、レッドオクトーバーを追いたい気分が盛り上がってくる。

「ウワーン。ウワーン。爆破装置が作動しました。一五分以内に退去してください。ウワーン。ウワーン」

　とか、

「待って！　まだ船長が中に」

　とか、

「だめだ、危ない。ここはオレが行く。帰ったらメアリーに愛してると伝えてくれ。オレにはもったいない最高の妻だったと……」

　などとスペクタクルな独り言をつぶやきながら、原子炉内部へ突入した。

原子炉は外から見るとドームのような形をしているが、中から見てもそのまんまである。白い丸天井の巨大な空間だ。広さは体育館ぐらいか。数人の技術者が何か作業していたが、静かに唸《うな》る謎のマシンとか、三メートル以内に近寄ってはいけない恐怖のタンクとか、凶悪深海生物の卵とか、そういうものは全然なく、いったいどのへんでエネルギーが六〇倍もぐわあああっとなるのかよくわからなかった。

「これだけですか」

「ええ、入れるのはここまでです」

「核燃料なんかはどこに」

「最終的にはこの下に入ります」

炉心は地下に埋めてあるらしい。原子炉というのはあのドームの中にあるのではなく、さらにその地下奥深くにあるのだ。

するとつまり、ドームはフタということになるのではないか。われわれは原子炉のフタの中に入っただけなのだ。

そうだったか。私としたことが、フタごときでちょっとリキんでしまった。ま、しかしフタと一口に言っても、厚さ数メートルのそれはそれはもの凄いフタなのだからな。

こうして原子炉のフタ内側をひととおり眺めまわし、われわれは無事原寸大で生還した。

ここで読者は、なあんだ原子炉ったってそれだけかい、などと侮ってはならない。本当の恐怖はこれからである。

敦賀半島で原子炉のフタと互角にわたりあった私は、さらに今度は、茨城県東海村にある再処理工場を訪れた。これも同じ原子力関連の技術者を取材するためである。

再処理工場とは何か。なんだか名前が「ふっふっふ。残念だが、お前はもうここから生きて出られない」ような感じがする。そこで、まず、再処理工場が何か、先方の担当者に聞いてみた。

「原子力発電に利用されるウランは、使い終わった燃料をまた使えるという半永久的なエネルギー資源なのです」

「はあ」

「その一度使ったウランを再利用する際、形もくずれているし燃えカスも混ざってるので、もう一度原子炉で使える形につくり直すのが、再処理工場です」

ということは、そこにウランやプルトニウムがあるということではないか。

「あります」

だそうである。前回の『もんじゅ』と状況が違うのは、この再処理工場には、放射性物質が実際に貯蔵されてあるということなのである。その意味で、真の敵はむしろこちらであり、原子炉のフタはフェイントであった。

そんなところへ行って大丈夫なのだろうか。いくら仕事とはいえ、放射性物質のあるところへなんか行かないほうがいいのではないか。

と思ったものの、私はサラリーマンであった。サラリーマンは行けと言われれば、どこへでも行くのである。たしか阪神・淡路大震災のときも、動かない電車の線路を歩いて会社へ向かうサラリーマンの群れが多く観測された。そんな日は休めよ、とテレビにむかってツッ込みたくなる光景だったが、おそらく世界が滅亡しても、サラリーマンだけは得意先を回って、その安否をリストにし、どこかで会議用に一五部コピーして、ホッチキス止めしているであろう。

私は再処理工場取材のため、茨城県東海村に出かけた。

実はこの日、再処理工場ともうひとつの施設を見学する予定だったが、現地に着いてみると、そちらのほうは見学中止で、再処理工場だけ見る手はずになっていた。なぜ突然中止になったのか詳しい説明は何もなく、「ビデオがありますので、それで説明します」と言われて会議室でビデオを見せられたのである。なんだろうか。怪しいのではないか。

謎は謎を呼ぶけれども、世の中には知らないほうがいいこともあるので、それについては忘れて今回は再処理工場に集中する。

広い敷地のなかを再処理工場まで行ってみると、コンクリートの五階建ぐらいの建物だった。このなかにプルトニウムが放射能をギンギンに放射しながら潜んでいるのである。

工場内は危険度別に三つのゾーンに分かれていて、それぞれ赤、黄、緑に色分けされている。一般人が入れるのは緑のゾーンだけだ。黄色は専門の技術者しか入れず、赤になると人間は入れないということになっている。

緑の廊下に入る前に、白衣を着せられた。さらに帽子で髪をかくし、靴もはきかえる。よく半導体工場などで、こんな姿の労働者を見ることがあるが、まさか、こんなもんで放射能を防げるわけはない。この白衣は工場内で付着した塵を外へ持ち出さないためだそうだ。塵についた微量の放射能も漏らさないというわけである。

しかし私は思うのだが、顔に付着した塵はどうするのか。顔は丸出しである。外に持ち出す前に、その付着した塵で顔が被曝するということも考えられる。そういう深刻な課題はとくに検討されていないのであろうか。その点については未解決のまま、担当者に促されて私の顔面はさらに奥へ進んだ。なんだか納得いかない。

なるべく塵がひっかかりにくい顔をキープしながら、入場前の放射線量をチェック。

空港のボディチェック時にくぐるやつをもっと狭くしたような形のゲートで、穴に指先を入れて放射線量を測る。入場時に人体の放射線量を測っておき、退出時にも測ってその値を比較するのだ。数値が上がっていれば被曝したということになる。

ゲートはまるで暗い地底へ降りる炭坑の入口のようだった。なにしろ、行きはよいよい帰りは怖いゲートなのだ。往来する技術者たちも坑夫のように見える。閉所恐怖症ぎみの私は、むかしから炭坑だけは入りたくないと思ってきたが、こっちのほうがもっと怖い気もした。

さて、工場内はかなり入り組んでいた。突然の事故などが起こったら部外者の私は迷子になるにちがいない。通りがかったある部屋で、ぶあついガラスにむかって何か作業している人がいたので、

「何をやってるのですか」と聞くと、

「これは、ガラスの向こうに放射性物質があって、それをこっち側からマジックハンドで扱っているのです」

「え、じゃあ、あの奥に見えるのは」

「そうです。あれがプルトニウムです」

ゲ。そうとは知らずに見てしまったぞ。

「大丈夫です。放射能は厚さ一・五メートルのガラスで遮ることができるのです」

担当者はこともなげに言った。本当だろうか。そんな話は聞いたことがない。一・五メートルの算出根拠を詳しく述べよ、と思わず聞き返しそうであった。計算まちがいということもあるだろう。一・五じゃなくて一五メートルでした、悪《わ》りい悪りい、とかあとで言われても困るのである。

さらに歩いていると、ときどき唐突に体重計スタンドみたいなものがある。

「これは何ですか」

「これは、ここに乗って手をこの穴に入れると放射線量を調べてくれる機械です。中で働いている技術者がときどき念のために乗るわけです」

異常があれば、『連絡してください』というランプが光るのだそうだ。

私も異常ないかどうか乗ってみたが、ここで「けっ、めんどくさいぜ」などという顔をしていると、戒めに『連絡してください』が光りそうなので、誠実な感じでナイスな友だちを演出しながら測定した。ここで働く人たちは、トイレなんかに行くたびにこの抜き打ち測定器に乗り、いちいちナイスな友だちを演出しているのだろうか。だとしたら相当面倒くさい職場である。

深い水槽に沈んでいるドラム缶も見た。

ドラム缶には、一度燃え尽きたプルトニウムが入っているそうである。そんなものちっとも見たくはないのだが、ご覧くださいと紹介されて、つい見てしまった。プルトニウム入りの缶をのぞき込んだ私の人生はどうなるのか、と疑念は膨らむ一方だ。ここでも放射能は深さ五メートルの水で完全に遮られると教えられたが、私は、水中から何か見えないうりゃうりゃ光線のようなものが飛び出して、知らない間にグサグサ自分に突き刺さっているような気がして、思わず水面から顔を遠ざけた。ここの人は、ガラス一・五メートル、水五メートル理論を当然のように唱えているが、本当に本当なのだろうか。

などと心配しつつ、やがて中央制御室という地球防衛軍の司令室みたいな広い部屋に到着。そこに、この再処理工場を動かしている技術者たちがいた。そう、私は彼らに会いに来たのである。緊張のあまりほとんど忘れていた。

さっそくインタビュアーとしての本領を発揮し、まず最初に彼らはこの危険な職場を、一体どう思っているのか、放射能に被曝する心配はないのか聞いてみた。これが本来の仕事である。

私の質問に技術者は、

「大丈夫。ここは安全ですから」

と即座に答えてくれた。

「本当に安全なんですか」

「ええ。大丈夫です」

それでも疑り深い顔をしていると、

「人間が一年間に自然界から浴びる放射線が……」

と具体的な数値を挙げて説明してくれる。でもやっぱり数字では心配である。後になって、ひとケタ違ってたなんてことがあるかもしれないじゃないか。

つもる話もいろいろあったが、ひとつふたつ必要なことを聞いたら、そのへんで取材を終え、さっさと引き上げることにした。わざわざ来て話が少なすぎるんじゃないか、と思う人もあろうが、むこうもいろいろ忙しいだろうから、つつしみ深い私は帰るったら帰るのであって、どうもご協力ありがとうございました。

最後に、再びゲートを通る。

放射線量を測定するゲートである。

ゲート内で壁に向かって立ち、両手を所定の穴の中に入れて待った。入る前と後で放射線の量が違ったらアウトである。

目の前に小さなランプがあって、ひとつは『お通りください』で、もうひとつが『連絡してください』だった。私は今まで誠実に生きてきたので、まさか『連絡してください』じゃないと思う。だいたい、私は広告制作の仕事で来ている者であって、何でこんな危険な目に遭わなければならないのか。当然『お通りください』だろう。そうに決まっている。なぜさっさと『お通りください』が光らないのか。光れよ、さっさと、遅いじゃないか、え。……あ、いえ、私はべつに怒っているわけではありませんよ。そうです。怒っているわけではありません。むしろ感謝の気持ちでいっぱいです。ええ、そうですとも、今回は本当に取材させていただきありがとうございました。

と深い感謝の気持ちを全身で表現していると、ようやく『お通りください』が光り、私は無事ゲートの外へ足を運ぶことができた。あぶないあぶない。あやうく相手を本気にさせるところだった。白衣も脱いで、ホッとしたのである。

こうして、いっけん何を取材したのかわかりにくいが、私は『もんじゅ』では原子炉がフタだったことや、再処理工場の恐ろしい『連絡してください』について見識を深めることができた。現地へ行くまでは不安だったが、なかなか人が行けない場所を見ることができ、終わってみればよかったよかったのである。

帰宅後なんの気なしにテレビをつけたら、東海村で放射能漏れ事故が起こっていた。

東海村も大変だなあ、って、ん？

私は今日、その東海村に行ってきたのではなかったか。

……。

放射能漏れとるがな。

それは、まさに突然見学が中止になったあの施設での出来事らしかった。

ゲゲ。

なんでもアナウンサーが言うには、若い技術者がかるーく被曝したとのことだ。

かるーく被曝って、本当にかるーくなんか、おい！

どうやら私が取材していたあの時間に、放射能が漏れていたらしいのである。やっぱり。

ビデオを見せられたりして、なんだか怪しいと思っていたのだ。なんということであろう。

そんなことも知らずに隣りの再処理工場を取材してしまった。私の身は大丈夫なのか。

私は、ふとあの放射線量を測定する体重計のことを思い出した。あのときは異常なかったはずである。ゲートでも『お通りください』が光ったではないか。そうだ、大丈夫だ。問題ない。

いや、いやいや、待て待て。たしかあれは入場時と退場時の線量の差を測るのではなかったか。とするなら、入場前にすでに被曝していたとしたら、どうなる。数値に差はないから、異常なしと判定されてしまうのではないか。

……。

だからあんなところには行きたくなかったのである。原子炉のフタだけにしておけばよかった。

あーあ。

念のため私は、片っ端からニュースを見て、ほかの職員、たとえば私が取材した技術者や、案内してくれた担当者が被曝していないか確認した。今日会った名前は誰も出てこなかった。

ということは、きっと大丈夫だったのだろう。ニュースで言ってるとおり、どこかの若い技術者が、かるーく被曝しただけなのだ。

そうだ。大丈夫だ。

と思いつつ、念のため水深〇・五メートルの風呂の水で、顔面についた塵をゴシゴシ洗った。鏡を見ると、髪が茄子のヘタのようにカールしていた。

なぜだ！　放射能のせいではないか。というか、それはずっと被っていた塵防止用の帽子のせいにちがいなく、すると私は、今日は被曝したかもしれないうえに、この変な頭で茨城県からJRを乗り継いで、市中引き回しのうえ帰宅したことになるらしいのであった。

やってられないのである。

私の最近の仕事と琵琶湖の水位

おかげさまで、だんだん仕事がくるようになった。大変ありがたい。

先日はラジオに出たのである。『吉田照美のやる気MANMAN！』という番組だ。もともとラジオを聴かない私は、それがどういう番組かよくわからなかったのだが、義弟によると「僕にとってはそれは『徹子の部屋』に出るに等しい」人気番組であるらしい。ということはつまり私の本『ウはウミウシのウ』が『窓ぎわのトットちゃん』に肩を並べたと言っても過言ではなく、少なくとも『チョッちゃんが行くわよ』は撃破したも同然と言えよう。発行部数は全然及ばないけど、まあだいたいそうである。

とにかく本の著者に話を聞くコーナーに、『ウはウミウシのウ』を紹介してもらいつつ、二〇分ばかり出演した。

ラジオに出るなど初めての経験だったので、緊張しつつ四谷の文化放送へ出向いたのだが、当然こっちは喋りの素人であるため、ちゃんと台本がある。二、三日前に話の大筋を書いた台本が送られてきて、厳密にそのとおりに喋らなくてもいいが、だいたい書いてある意味どおりのことを話してくれ、と言われたのだった。私は流れを暗記しつつ、ここでちょっとギャグをかまそうとか、この部分はこう言い換えようとか考えて出かけたのである。

ラジオの収録と聞いて思い浮かんだのは、片面だけガラス張りの、箱のような狭苦しい部屋でＤＪと喋る、そんな風景だったが、文化放送のスタジオは周囲がぐるりと窓になっているリビングのような開放的な部屋だった。

ガラス越しの隣りの部屋（何というのかイコライザーみたいなたくさんのつまみを調整している人がいる部屋）で、出番まで待機していると、スタジオの中では吉田照美と女性のＤＪが弁当を食っていた。生放送で昼にかかっているため、ＣＭ中に弁当食いつつ、収録するのだそうだ。もっと緊迫してるのかと思ったら、ＣＭ中に食べ切れなくてモゴモゴ言いながら喋ったりもしており、さらには雑音をシャットアウトしているはずのスタジオ内に、構成作家とかいろんな人が勝手に出たり入ったりして、大変アバウトなのであった。そういうことなら私もアドリブ苦手だけど、アバウトなギャグを増やそうと思い、台本にさらに勝手に書き加えたりして出番を待ったのである。

時間がきて、ＣＭの間に中に通されて吉田照美の前に座ったら、顔が大きかった。芸能人は顔が小さい、キョンキョンの顔なんかソフトボールぐらいしかないとかどこかで聞いたことがあるので、意表をつかれた。それで部屋が広かったのか。

で、いよいよ本番が始まって話し出したら、いきなり台本と全然違うのである。いや、まあ流れは合ってるんだけども、ほとんど吉田照美のアドリブで、話はどんどん逸れて一体台本のどのあたりなのかわからなくなってしまった。想定外の展開に吉田照美の顔がぐいぐい迫り出してくるかのようだ。

このままでは考えたギャグが使えなくなると思い、その顔を押し戻すように自分の話へ強引に引き戻した。

しかし、人が喋ってるのに、向こうもその上からどんどん話をかぶせてきて、結局ギャグにたどりつかないうちに、所定の時間が過ぎてしまった。台本の三分の二ぐらいまでしか到達しなかったのである。いいのか、そんなんで。もっとゲストに喋らさんかい。

そんなわけでたった二〇分間のラジオデビューだったが、それでもまあ『チョッちゃんが行くわよ』を撃破したので、この大躍進について意気揚々と『旅行人』の蔵前編集長に報告すると、「ああ、あの番組ね。うちの執筆者でも出た人たくさんいるんだよ」と言われたのであった。

ラジオ以外にも今年はネット連載の仕事が来た。

インターネット上での週刊連載である。

『ジェットコースター12カ月』というタイトルで、各地のジェットコースターを乗り倒して書くことにした。週刊は忙しいが収入面で大いに助かる。

その点はいいのだが、連載が始まったらiMacが壊れた。

おいおい、ネット連載だぞ。今まさに重要な局面ではないか、ここで役立たないでどうするかiMac。

何度再起動しても起動中にフリーズする。なんとか直そうといじりまくっていると、ますますわけがわからないことになって事態は深刻さを増し、仕方ないので、高い金を出してぶ厚いマックの教本や修繕用のソフトなどを買って、さらにいじくってますます壊している。いまや私のiMacは、教本にも載ってない暗い森へ迷い込んでしまったみたいだ。

ただ、それはそれとしてジェットコースターに乗るのは面白い。前々からジェットコースターには目がなかった。

もの書きになったとき、心ひそかにアジアの変な場所とシュノーケルとジェットコースターの本を書こうと誓ったのだが、その三つのうちアジアの変な場所は『東南アジア四次元日記』で、シュノーケルは『ウはウミウシのウ』で書いたので、これで残る最後の目標もクリアできそうである。大変ありがたい。ジェットコースターに乗りながら、こんなことして金もらっていいのかと思ったりしている。

その他にもいきなり映画評の仕事がきて、これにはちょっと面食らった。

私は別段映画に詳しくない。評論家ではない観点でひとつ、とか言われて書くには書いたが、書評だといくらでも書けるのに、映画評はなかなか書けなかった。私はSF映画が好きだが、その他の映画はあんまり観ない。映画自体嫌いじゃないけれど、映画館が嫌いなのである。せっかちなので二時間も同じところに座っていられない。性格として常に歩き回りたい。トイレに行くために、隣りの人にちょっと通してくれとか言うのも面倒くさい。

飛行機もそうだ。狭い座席にじっとしていると、だんだん凶暴な気持になってくる。飛行機恐怖症もデッキをつくって外に出られたりすれば、思う存分歩きまわれてどれほど救われるかと思う。

さらに映画館に似たところでは、ライブコンサートやスポーツ観戦にもそそられない。かなりむかしの話で、マイケル・ジャクソンのコンサートに連れて行かれたことがあるが、席が思い切り後ろのほうで、ステージじゃなくて中央のスクリーンでマイケル・ジャクソンを観た。

だったらテレビと一緒じゃないかと思い、なんとかステージに目を凝らそうとするのだが、そもそものスクリーンが邪魔でステージが半分しか見えないのである。何かが間違っていると私は思う。

おまけに、みんな立ち上がってしまって、どうせ見えないと思ってじっと座っていたくても、そうすると踏まれそうでもあり、変な人に思われそうでもあった。

納得できない。ライブは臨場感だ……、と人は言うが、聴こえる音はスピーカーからで、本人もスクリーンで見るなら、感じられるのは満員電車の臨場感だけである。

スポーツ観戦も、テレビのほうが大きく見えるし、何度もリプレイしてくれるので好きである。生身の選手は巻き戻せない。そもそも現地へ行ったら、フィールドを走り回る選手を観るんじゃなくて、自分がうろうろ走り回りたい。

なんか、話がやや偏屈おやじ的になってきた。別に映画館やコンサートを否定しているのではなく、私の好き嫌いを述べただけなので、関係者は軽やかに読み進めてもらいたいが、本題は何だったかというと、そんなこんなで仕事が増えてきたという話をしているのだった。

サラリーマンを辞めて今年で五年。これだけ仕事がくれば、おかげさまでもう食っていけるだろうと言えば、そうではない。やはり依然として貯金頼みの生活である。貯金の目減り速度はかなり改善されてきているが、単年度収支でも黒字化はまだなのだった。贅沢はしてないんだけど、取材のための旅行費用がかさむ。行かないことには書けないのが、この仕事のネックである。

それでまあ近況報告のつもりでここまで書いてきたわけだが、ついでに言うと今年は青色申告に挑戦している。去年まではただの確定申告だった。青色にすると控除が増えて有利だそうだが、そんなことより帳簿をつけることそのものが面白い。こんなことを言うと多くの人が、頭おかしいんじゃないか、という顔をするが、私は表とかグラフが好きなグラフフェチである。

たとえば、インターネットでよく見るサイトに『琵琶湖の水位』がある。それはただ琵琶湖の水位の年間推移が、棒グラフで表示されているだけのページなのだが、ほぼ毎日更新されるから、近畿地方に雨が降った翌日とかはとても楽しみである。現在関東に住んでいるので、琵琶湖の水位があがって何の得もないけれど、そのグラフが明日はどうなるか、妙に期待が高まる。ついでに、よく水不足になる四国の早明浦《さめうら》ダムの水位なんかも知りたいが、あいにくそういうページをまだ見つけておらず、逆にｉＭａｃのほうが沈没した。

どうして表やグラフが好きなのかは我ながら謎であるけれど、おかげで青色申告の帳簿をつけるのが全く苦痛でない。おお、今日はこんなに経費を使ってしまったあ！　とか言いながら静かに興奮している。そういう小さな数字に気を取られるせこい性格が、フリーになった今、非常に重宝しているのであった。

ジェットコースター評論家

　むかしからジェットコースターが好きだったので、去年ネット連載の仕事がきたとき、ジェットコースターに乗りまくってそのエッセイを書きたいと申し出た。そして夏から書き始め、日本各地のコースターに片っ端から乗っていって、それがしまいにはアメリカへ出かけて乗りまくるまでに発展した。

　ふつうジェットコースターが好きだといっても、なかなか実際に乗りに行く機会はない。わざわざそのためだけに九州やアメリカまで遠征するのは面倒である。私もこれまでなんとなく遠目に好きだっただけなのだが、この連載のおかげであちこち乗りに行くことができて、いい仕事にめぐりあえたと喜んでいた。

　そうやって乗り回っていると、やがて連載を見た出版関係者からときどき連絡が入るようになった。ジェットコースターについてコメントをくれ、あるいは、簡単な記事を書いてくれ、という話だ。地方新聞にちょこっと書いたり、撮ってきた写真を旅行雑誌に貸したり、新しいコースターができたら取材して雑誌に書いたりしたのである。

と、そこへ今度はＤＶＤをつくるので手伝えという話がきた。日本のジェットコースターベストテンを選び、先頭にカメラを据え付けて映像を撮るのだそうで、そのベストテンの選別と、それぞれのコースターに対するコメントを述べてほしいと言われたのである。ベストテンを決めるのは、その時点で私は日本のおおかたのジェットコースターに乗り終わっていたので簡単だったが、コメントとは一体どういうふうに述べるのだろうか。もしかしてＤＶＤに出演するのだろうか。もの書きになるぐらいだから、人前でしゃべるのはあんまり得意でないんだが、とためらいつつ、それでもそういう仕事もしてみようと思って承諾した。

しばらくして、すべての映像を撮ってきたのでコメントしに来てほしい、との連絡を受け、ついでにジェットコースターに関連するグッズがあれば持ってきてほしいと言われて、言うとおりに指定の場所へ出かけると、そこになぜかスタイリストがいた。

スタイリスト？

誰か俳優でも来るのか、と思ったら私のためのスタイリストであった。

おお、私のスタイリスト。

驚いた。私は俳優だったのか。以前から怪しいとは思っていたが、実は私は俳優だったらしい。

スタイリストはさっそく私の髪をいじったり顔をパフパフしたりし、私は徐々に個性派俳優の頭角を現していった。個性派俳優というより、ぎこちない笑顔がサンダーバード、もしくは腹話術の人形ではないかという声もあったが、とにかく頭角を現したのだ。

　個性派俳優が完成すると、アメリカで買ってきたジェットコースターの絵入りTシャツを着るように指示され、資料用にとってきた遊園地のパンフレットを机の上に並べて、それを前にして座れとのことであった。

　こういう図は見たことがある。大量のグッズを前に座る男、それはつまりマニアである。

　私はマニアだったのか。

　なんとなく腑に落ちないものを感じながら、それでも「ジェットコースターの魅力はなんですか」「海外にはどんなジェットコースターがあるのですか」「ジェットコースターを楽しむコツを教えてください」などの質問になるべく快活に答えた。もちろん快活といっても場慣れしていないから緊張は隠しきれず、中途半端なサービス精神とぎこちなさが相まった、微妙に渋い味わいを醸し出していたかと思う。

　そのあとさらにひとつひとつのコースター映像を見ながら、動きに合わせた声も収録し、落下する場面に合わせて無理やり「イェーイ！」とか言わされたのは、ことのほか白々しく、はたから見れば自分だけ盛り上がる前のめりな人になって、マニアらしさはさらに高まった。

　少々納得いかなかったが、まあいいや、実際これだけ乗りまくっていればマニアと言えなくもないしと思って、先日完成試写会に行ってきた。

完成試写会。

ますます俳優っぽいではないか。ひょっとして舞台挨拶《あいさつ》とかあるのではないか。花束とかもらってキャーとか言われるのではないか。おお、ついに私の時代が来た。次はベネチア映画祭だ、と思ったら会場はラブホテルのパーティールームで、内輪だけの試写会であった。

そして出来あがったDVDを見ると、私はアクターではなく、あろうことかジェットコースター評論家という肩書になっていたから驚いたのである。

おお、誰が評論家やねん！

評論家といえば事故とか起こったときにニュースに出てくる人種のことではないか。模型を棒で指しながら、この地点からこう墜落したものと思われますとか言うのだ。そしておおむねカツラである。いや、実際確かめたわけではないが、ニュースに出てくる評論家の七五%はカツラと言われている（テキトー）。あるいはカツラが評論家で、その下に人がくっついているのかもしれない。

ともかく評論家だ。私は評論家になっていた。いつの間にそんな地平まで来てしまったか。

スクリーンに映し出された映像には、まことにもって評論家然とした私が映っていた。得々とジェットコースターについて語っている。自分だけその気である。しかもコースター映像の途中に「イェーイ！」が唐突に入っていたときには、あまりの恥ずかしさに頭を抱えてその場にうずくまり、救急車を呼んでもらいたくなった。

撮影したときは、よくいるジェットコースター好きぐらいの扱いかと思って安心していた。タレントが実は○○マニアだったレベルの軽い扱いを予想していたのである。よくあるだろう、そういうの。ところが画面の私は、もともと特にタレントでも有名人でもないために、エッセイを書いているというようなことはすっ飛ばして、全身全霊をこめてジェットコースター評論家になっており、関連グッズに埋もれて生きている天上天下唯我独尊の男であった。

このあとその場にいたスタッフの方々と挨拶がてら話をしたときも、よく知らない間柄だからどうしても話題はジェットコースターのことになって、話してみるとまた自分がやたら詳しかったりし、調子に乗って、あのコースターは右側に乗るといいです、みたいなことまで言ってたりするのはどういう自然現象フェノメナンであるか。ジェットコースターについて話せば話すほど一般人との乖離《かいり》が認められる。

おまけに、もともと初対面だから、相手が私の知識に深く感銘したところで話が続かなくなり、そのまま私はジェットコースターのことしか話さない人として相手の脳裏に刻み込まれて、マニアぶりが一層きわだった。何人かの人とジェットコースターの話だけして、最終的に、評論家らしさをますます印象づけて帰ってきたのである。また何かあればお願いしますとか言われて、まだ何かあるのか、おい。

相手から、また何かあればお願いします、が出たら完璧に専門家（この場合評論家）であろう。ちっともほかの本を出さない報いかもしれん。

悪いけど、ジェットコースターもういいぞ。

いや、また新しいのができて取材の仕事が来たらぜひ行きたいけれど、今度は普通の人として私は行きたい。もうすぐ富士急ハイランドには世界最高速のコースターがオープンするし、ロサンゼルスにはこれまでにない画期的なコースターができつつあるうえ、二〇〇三年に向けてドイツでものすごいジェットコースターをつくり始めたという噂もあって、そういうのはぜひ乗りに行きたいけれども、こういうことを書くとまた評論家扱いされるので、このへんにしておく。

ちょっと好きだったから取材して一冊本を書こうと思っただけなのに、思わぬ展開である。このところなかなか本が書けないでいるのは、逆に言えばこのジェットコースターにかかずらっているせいであり、今私はジェットコースターをめぐって生きている。人はこうして専門家にまつり上げられていくのか。

ものを書くようになると、何か自分の得意分野が必要になる。

私は旅行が好きでこれまで旅行の本ばかり出してきたが、たしかに一般の人にくらべれば旅行する回数も多かったと思うものの、決して専門家ではなかった。どこかの国に詳しいということもないし、人ができないようなハードな旅行をしているわけでもない。気の向くまま好きな場所を回って来ただけである。なので、いずれは自分が活動する分野をある程度はっきりさせなければならないと思っていて、それが旅行なのか何なのかじっくり考えようとしていた矢先のジェットコースター評論家である。なぜか状況がそうさせるのだ状況が。

このDVDが発売されれば、それはますます強固な事実になっていくだろう。それはそれでひとつの得意分野として悪くないのかもしれないが、私はウミウシとかほかのものも書いていますので全般的にどうぞよろしく。今はとにかく急いでジェットコースターを書き上げて、次の仕事に移ろうと思う。

そんなわけでDVD、試験的にあるところで発売中だが、ぎこちない前のめり映像が恥ずかしいので、ここでは特に宣伝しないで、ながなかし夜をひとりかもねむ。

私は冒険家ではないのこと

前回、ジェットコースターにたくさん乗ってその話を連載しただけで、いつの間にかジェットコースター評論家と呼ばれるようになって、DVDにまで出演してコメントするに至った経緯を書いた。私はそんなんじゃない、と思いながらも、まあ甘んじて評論家っぽく関係者と仕事した件である。

ところが、それで終わりと思っていたら、先日、某誌の取材で、富士急ハイランドの世界最速コースターの完成発表会に行ったとき、なんと富士急側の招待者リストに私の名前がジェットコースター評論家として載っていたのだった。

……広まっとるがな。

なぜそんなにすばやく、かつ大々的に広まっているか。

その会は報道陣を一〇〇人以上集めた一大プレスリリースだった。ハイランドホテルの大きなバンケットルームで、参加者一同昼食まで付いた正式なセレモニーだったのである。そんな本格的な場で、この私がジェットコースター評論家でいいのか。

よくないだろう。

誰もそんなこと宣言した覚えはないのである。本格的なことを聞かれたら何も答えられん。おかげで、何かの拍子にあてられないかおおいに心配した。今日は会場に宮田氏が来てぉられるのでぜひプロの目から見た感想をひとこととか、わけのわからない展開になったら目も当てられん。

だいたい何なんだ、そのジェットコースター評論家ってのは。そんなの一体どうやって食ってるんだ。

世の評論家というのはそうやってつくられていたのかと、今さらのように納得した。軍事評論家とか航空評論家とは、普段どこに棲息している人種かと思っていたら、どうやら普段は別の仕事をやっている人がたまたまかり出されて、そう呼ばれているらしい。まったくもっておそるべきは、肩書の暴走なのである。

結局、発表会ではそういう事態に至らず事なきを得たが、試乗後の懇親会に出ていたらどうなっていたか。

冗談で済まなくなる前に、どこかで私の正体をハッキリ言ってやらなければならんが、では一体誰に言えばいいのかというと、これがさっぱりわからないのだった。

それで思い出したのだが、以前にもこれと似たような出来事があった。

少し長くなるが、書いてみたい。

私が雑誌の広告をつくるディレクターのような仕事をしていた頃のことだ。あるとき上司が、私を呼び出し、

「お前、これからどうしていきたい。将来について何か考えているか」

と尋ねてきたのである。

唐突な質問だったので、

「何のことでしょうか」

と思わず私は聞き返した。

「お前がこれからやりたいことは何だ。お前の人生だ。何か考えがあるだろう」

と上司は言った。

「たとえば社長になりたいとか、あるいはこのままこの仕事で専門的にやっていきたいとか、そういうことだよ。それでどうこうするわけじゃない。雑談だ、雑談」

それでどうこうするわけじゃない、と付け足すあたりが妙に怪しかったが、当時はバブル絶頂期だったので、リストラの布石とは考えにくかった。とにかく何だかわからないが、人生でやりたいことを言え、と質問されたのである。

雑談ということであったし、その上司とはお互い気楽な間柄でもあったので、そういうこ

となら私はちょっと羽根を伸ばしたような気分で、

「実は旅行がしたいんです、思う存分」

と言ってみた。

「旅行？」

上司は首をかしげた。

「そうです」

そのころ私の念頭にあった最大の関心事は、ユーラシア大陸を横断することであった。長期休暇など決してとれない全面的サラリーマンだったが、そんな現実にはひとまず目をつぶり、いつか日本からヨーロッパまで陸路で行ってみたいとそればかり考えていた。具体的に計画を立てていたわけではない。ただ、死ぬまでにやりたいことは何ですかと聞かれた人が、適当に世界一周と答えるよりはずっと本気で、いつか実際にやろうと思っていたのである。

「ほう、世界一周じゃなくて、大陸横断か」

と上司は少し感心した。

そうなのである。世界一周はもったいないというのが私の持論だ。

世界一周は、仮にウルトラ兄弟で言うなら、たかだか三〇分の番組内で、ゾフィから何から兄弟全員が勢揃いしてヒッポリト星人と戦うようなものである。豪勢だけど大雑把でつまらない。それぞれの個性をじっくり味わってこそのウルトラ兄弟ではないか。たとえ前後編に分けたって駄目なものは駄目だ。ウルトラセブンなどひとりで番組を持っていたときは、シャープで強かったのに、ヒッポリト星人の前ではトンボ返りしてる間にいとも簡単に凍らされてしまった。

この例からもわかるのかわからないのか、よくわからないように、つまり、いろいろな国や地域、そしてそれぞれの大陸の個性をじっくり味わって旅をするのが面白いわけだから、簡単に一周するのは雑だと私は思っているのである。

「あんまりさっさと全部見てしまいたくないんです。じわじわ行きたいですね」

と私は言った。

「それならそんな心配はいらんな。連休に少しずつ海外旅行していれば、一生かかっても行く場所はなくならん。それとも何か、会社辞めて行くつもりか」

「別に現実的に今どうこうと考えているわけではありませんよ」

「そうか、でもいずれは……」

ん?

と、ここで私は気づいたのである。この話はなんだか誘導尋問の匂いがするのではないか。実は、雑談とか言いながら課の人員削減か何か考えているんじゃないか。まずいまずい。うっかり調子に乗って仕事と全然関係ない話を語ってしまった。

「あくまでも夢の話です」

慌てて私は断言した。こんな雑談でリストラ候補にされたら困る。

「まあしかし、陸路は大変だろうな」

上司はどうでもいいような返事をした。

で、その話はそれで終わりだった。一体何の質問だったのかさっぱりわからなかった。

謎が解けたのは、それからしばらくたったある日のことである。

上司との会話のことも忘れかけた頃、関西の営業所にいるかつての同僚から内線電話がかかってきた。その男が、私が電話に出るなり、

「宮田さん、オレ、笑かしてもらいましたわ」

と言うのである。

「何が？」

と私は思わず尋ねた。

「今ね、人事のほうで組織改革について論議してるんです」

ふむ。

「広告をつくっている社員のなかに、管理職になるより、このままずっと現場に残って広告

をつくりたいという声が多くありましてね。そういう人のために管理職でなくて専門職でやっていく道も会社として用意せなあかんのちゃうか、という話になってるわけです」

なるほど。

「それでね、すべての社員にね、アンケート取ったわけです。あったでしょ、キャリアプラン、課長に聞かれたでしょ」

「キャリアプラン？」

「これから将来にわたってどういう仕事をしていきたいのか。管理職になりたいのか専門職でいきたいのかってね」

ん？

「その資料を機会があって見せてもろたんですけどね。宮田さんの将来希望する職種、〝冒険家〟になってましたで」

？？？

「みんな、ディレクターとかデザイナーとかコピーライターとか管理職とかって一覧表になってる中で、宮田さんだけ冒険家になってましたで」

私は椅子ごとひっくり返りそうになった。

「組織改革の真面目なアンケートに、希望職種冒険家ってあんた、何ですのそれ。ほんま、笑いとってる場合ちゃいまっせ」

なんということだ。それならそうと言わんかい上司。アンケートならアンケートと言えばいいだろう。うっかり大陸横断の話なんかしてしまったではないか。

だいたい、そんな文書に冒険家とか書くなよ。頭おかしいんじゃないか。面白すぎるぞ。面白すぎるけど、笑ってる場合ではないのである。仮にも人事の真面目なアンケートなのである。人の人生を何だと思ってるのか上司。人が冒険家かどうか見てわからんのか。

そして、この一件でさらにおそろしかったのは、その後人事から何のお咎めもなかったことである。まさか本気にしたんじゃないだろうな。それとも呆れたか。

そうしてこのあと私は冒険家志望の意味不明ディレクターとして、出世とは一切無縁の色即是空人生を送った。さらに数年後、実際に会社を辞めて旅行したわけだが、もちろん冒険家にはならなかった。なるわけないのであった。

テレビ出演の真実

芸能人でもないのに、去年からポツポツとテレビに出るようになった。

もの書きの私がなぜテレビに出ているかというと、ジェットコースターの達人もしくは評論家として出ているのである。

あれほどイヤがっておきながら、すでに三つのテレビ番組と、三つのラジオ番組に出演、しかもテレビのほうは同じ番組にシリーズのように何度も出たりして、言ってることとやってることが全然ちがうが、今や財政的に、もらえるものは藁《わら》でももらう国家情勢であって、こうなったら何でもやりますすべては神の御心のままに、という無我の境地に到達したのである。一時は、もうジェットコースターは卒業しようと胸に誓いかけたこともあったが、現在ではそういう狭い考えをあらため、「くる仕事は拒まず、さる仕事は追う」という柔軟な戦略で、この世界的株価低迷に対応している。

そんなわけで何度かテレビに出た私だが、出てみると、テレビにはお茶の間から見ているときには想像もしなかった、納得いかない問題がいくつもあることがわかってきた。今回はそれについて視聴者の皆さんといっしょに考えてみたい。

とくに理不尽なのは、映像面の問題である。

なかでも、テレビに映った自分の顔ほど、理解に苦しむものはない。

どうもテレビに出ているあれは、私でない気がする。

一見、似ているようにも見えなくもないが、口が必要以上に歪み、目はくぼんで、肌にツヤがなく、頭はボサボサだったり、声の質も妙に高いのだ。いったいどういうことなのか、まったく理解できない。影武者ではないか。

信頼できる情報筋によれば、私には三二人の影武者がいると言われている。むかし会社に勤めていたころ、就業中に机につっ伏して眠っていて怒られたのも影武者であり、ときどきレンタルビデオショップ『ドラマ』で、アダルトコーナーを物色しているのも、本人のようだが影武者である。結婚してからは、なかなか自由に観賞できなくなったと影武者はぼやいている。

とにかく私が、この場をかりて視聴者に広く訴えたいのは、私の本来の顔はもっと爽やかで素敵だ、ということだ。できることなら画面に私の顔が映るたび、ニュース速報のキンコンキンコンという音とともに、「本当はもっとナイス」と字幕を出してもらいたい。

今はＣＧ技術があるのだから、それなりに本物の私らしく修正するとか、爽やかな春色のナチュラルメイクでまとめるとか、思い切ってブラッド・ピットの顔とすげかえるとか、ほかにもいろいろ方法はあるだろう。よく女優がテレビで、横顔を撮るときは右からじゃないとダメだ、などとこだわっているのを、ガタガタ言うな、どっちも一緒じゃないかと思って聞いていたが、私の場合は、全方位的に死にかけの、即身成仏みたいな顔になっているので、人道的措置として特別に救済が可能である。

テレビで納得いかない問題はまだある。

報道の信憑性《しんぴょうせい》について、どうかと思う出来事があった。

以前から、まったくテレビってやつは嘘とかヤラセばっかりだなあ、と苦々しく思っていた私であるが、ある番組で台本を渡されてみると、私が、自分の知らないマイナーなジェットコースターを、さも前から知っていたかのようにお薦めする構成になっていた。

すぐさま「こんなコースター知らないんですが……」と言ってみたが、番組的にどうしてもそれを紹介したいので、ぜひそこを知ってるかのようになんとか台本どおりにやってくれというのである。

いいのか、そんなことで。

そのまま台本どおりにしゃべれば、私は嘘つきになってしまうではないか。乗ったことのないジェットコースターを無責任に人に薦めるのは、評論家としてどうなんだ。

しかし番組的にはそれをお薦めしないことには話がまとまらないし、テレビにはテレフォンショッピング同様、しらじらしくても本気のようにお薦めしなければならないときもある。そうして私はふたつの立場の間で、あっちを立てればこっちが立たずという困った状況に陥ったのだった。こんなときは、どうすればいいのか。

しばらく思案した末、私はいいことを考えた。

棒読み、である。

いかにも台本を読んでいる、というわざとらしさをあえて醸し出すことで、視聴者にそれとなく、ああ、これはヤラセだな、と思わせるのだ。

もともと素人なんだから、ふつうにしゃべれば自然に棒読みになるはずで、その素人のぎこちなさを戦略的に利用しようという逆転の発想である。なんていいアイディアだろう。そうだ、それがいいと思って、いざ収録がはじまってみると、因果なことにやたら流暢に口がまわったりして、知りもしないコースターをなめらかにお薦めした。素人のくせに、カメラが回るとついテレフォンショッピングみたいに「ああ、あれはいいですねえ」なんて、精一杯の笑顔でしゃべってしまうのだ。おそるべしはテレビカメラなのであった。

今後もテレビの仕事がきたら、どんどん知ったかぶりをして、生活費の足しにするかと思うけれども、そういうわけで、視聴者のみなさんは、どうか私がテレビで言うことをいちいち真に受けないよう、ご注意願います。三〇％ぐらいふかしてますので、あしからず。

なお、こういった理不尽の一方で、テレビに出てうれしかったこともある。

報道関係者という地位を利用して、まだオープン前のジェットコースターに試乗させてもらったり、そのコースターに美人アナウンサーと並んで乗ったり、点検作業の人といっしょに、コースの一番てっぺんに登らせてもらったりしたことだ。

吉本の若手の芸人さんとコースのてっぺんから中継したときは、高いところに登るのが好きな私としては、おおいに興奮した。周囲には高い建物は何もなく、そこだけ唐突に地上八〇メートル。しかも点検用の階段のステップがメッシュになっていて、下を向くと足元が透けて地面が見えた。うれしいんだか怖いんだかわからない謎の〝うりゃうりゃ〟した電流のようなものが背中から全身をかけめぐったりして、前々からレールの横にある階段を歩いたらどんな感じだろうと思っていたので、そんな経験ができて大変ラッキーであった。

そういえばテレビに限らず、雑誌の仕事でオープン前の東京ディズニーシーに入れてもらったこともあった。スーパーカーに乗せてもらったこともある。広告の仕事をしていたときは、入りたいかどうかは別として、原子力発電所にも入れてもらったし、男子禁制のエステサロンに特別に入れてもらった。どんな仕事をしていても、それなりに特権はつきものなのかもしれない。

女性専用のエステサロンは、たとえ社員であっても男は入れないところを、現場を見なければ広告はつくれないとの配慮で、特別の許可を得て入れてもらった。ふだんは、そこに女性客がほとんど一糸まとわぬ姿で横たわっているという営業時間外のマッサージルームなど、いくつかの施設を見せてもらったのである。その横たわっているものも見なければ広告がつくれない、と先方に言ってみたかったが、それは我慢した。

そのとき先方の担当者に、男性は女性のどこを見ますかと聞かれ、「そうですね、私は脚でしょうか」なんて真面目に答えたのを思い出す。取材中に何の話をしてるのか、とわれながらおかしかったのである。しかも脚と答えたあとで、それは年齢によってかわるのではないかと考え直して、「どうも私の感触では、男は成長するにしたがって、女性の気になる部分がかわっていくように思います」と付け加えたりしたのも今思うと笑える。

私の観察によると、小学生ぐらいの男子は、ほとんど女子の顔しか見ていない。小学校では顔がかわいい子がとにかくモテることになっている。それが中学ぐらいになると胸が大きいかどうかがポイントになり、そのうちお尻へと関心が移行する。そうして心身ともに大人になるころには、なぜか脚、とくに足首で相手を測るようになっていくのだ。個人差もあるだろうが、おおむね男子の視線はそんな感じで推移していくのではないかと私は考える。上から下に興味が下がっていくのである。

するとそのとき同行したライターが、「私は、匂いですね。外見より匂いにいきます」と言って、なるほどそういう意見もあるのか、と突如現れた新しい視点にうならされた。なかなか一筋縄ではいかない問題なのである。後に、こういった件に詳しい先輩にたしかめたところ、脚の次に匂いがくるんだね、と言っておられた。つまり整理すると、男子の嗜好はおおむね、次のように進化すると考えられるわけである。

顔↓胸↓尻↓脚↓匂い。

視覚的なものから嗅覚へ。たしかにこのエステの取材から数年が過ぎた今、私も、だんだん匂いの魅力を理解できるようになってきた。

これまでは香水の匂いなんかかえってむせるだけで、ちっともいいと思わなかったのが、逆に香水に鋭く反応するようになってきたのだ。人込みで、あ、いい匂い、と思って匂いのもとを探したりしている。犯人はいい年こいたおばはんだったりして、一瞬ときめいた気持ちの落としどころに困ったりするが、こうして匂いに敏感になるころには、男も同時に、おっさん化の一途をたどっているのであろう。

匂いの先はどうなりますか、とあらためて先輩にたずねたところ、一巡してロリへいくね、とのことであった。理解できないが、とても深い。

私はいったい何の話をしているのか。テレビの話だったはずだが、はるか遠いところに来てしまった気がする。どうしてこうなったのか、もうつながりもよくわからないので、突然だけど、最後に今日学んだことを復習して終わりにしたい。

本日の要点。

男の視線は、顔↓胸↓尻↓脚↓匂い↓ロリ。

ということで、また来週。

父の金塊

ペンタゴンにハイジャックされた旅客機が突入する一〇日ほど前、私はワシントンDCにいてあのオベリスクと記念撮影していた。

モニュメントでも高層ビルでも、高い建造物の足元に立つと、私は平手でまずその壁をペチと叩いて手の甲をじっくり見、それから視線を壁に移してゆっくりと見上げていく。そうすると遠くから見ただけではわからない建造物の質感というか現実らしさが高まり、視線が空にのぼっていくにつれ、その高さや大きさが真に迫って実感されるのである。

おお、何というか、おおお。

感動というほどではないが、ここに高い塔があることよ、おおお。

おみやげ屋もない殺風景なオベリスクの周りには、ぐるりと何本もの星条旗がたなびいていた。見ていると反射的に頭の中にアメリカ国歌が流れてきたので、流れにまかせてしばらく頭の中で歌ってみると(歌詞は知らん)、だんだん自分が表彰されてるような気持ちになって、思わず観客のコールに応えながら、ゆっくり一周走りそうになった。次は世界記録を出す、そんな気分だ。思えばアメリカ映画のラストシーンはいつも表彰だ。アメリカは表彰の国と言えるのではないか。

しばらく栄誉をたたえられた後、栄えある私はその足でホワイトハウスを遠目に見に行き、レンタカーに乗ってホテルへ帰った。

ワシントンDCを訪れて、思い出したのは父のことだ。

私の父は、まだ大阪万博の開催される前に、アメリカに半年間留学した。留学先がワシントンDCで、アルバムの写真にオベリスクが写っていた。

今では珍しくもない語学留学ではあったが、会社も休み家族も置いて、何か期するところがあったのだろう。当時私は幼稚園児だったのでほとんど覚えていないけれど、父はおおいに感動して帰ってきたと聞いている。

で、帰ってきたら、これからはアメリカの時代だ、と言って何するかと思ったら、家にクツのままあがることにする、と言い出して母があわてた。そんな単純な感動でいいのか、とぜひツッ込みたかった場面だが、なにぶん私は幼稚園児だったので、ツッ込み慣れしていなかった。

アメリカに洗脳された父は、ずいぶんたった後も、意気揚々とバドワイザーのビーチパラソルを買ってきては、ろくに日も射さない狭い庭に立てたりしていた。うちの庭はどちらかというと和風っぽい庭だったので、そのうちメジロやひよどりが飛んできてチグハグになり、パラソルは超大国アメリカというより粗大ごみの風情を強く醸し出すことになった。

さらに父は性格まで不自然にフランクになって、私が高校生のときだったか、家族でテレビを見ていて、場面がエッチなシーンになると、

「そういえば、お前、もう女とやったのか」

と唐突に強引な質問をしたりしたのには、おおいに迷惑した。何事もオープンなのがアメリカ流と、イージーに解釈していたくさい。

私は思うのだが、父に限らず、この世代の中産階級の人のセンスには、時として必要以上に西洋文化への偏りがあることがある。

部屋に、アメリカではないがヨーロッパ調のビラビラ家具を詰め込んでみたり、狭い居間にシャンデリアをぶら下げたりしがちなのもそうだ。そんなガラスの塊なんかぶら下げたら、掃除しにくいうえに地震のときに危ないではないかと思うけれども、やっぱりおっさんたちの居間には決まってテレビの横にガラスの飾り棚があって、一滴も飲んでないコニャックとか高そうなガラス食器などが入っている。まあ別に何を飾ろうと本人の勝手であり、昨今の和風ブームなども後の世代から見れば、埃臭くて全然ダメなのかもしれないけれど、どうも

全般に成金の香りが漂うのはいかがなものであろうか。

以前香港人の友人が私に、アジアの国ばかり旅行するのはなぜかと聞くので、「意外な発見がありそうだから」と答えたついでに、なぜアジアの国を旅行しないのか、と問い返したところ、「自分たちは子供の頃本当に貧しかったから、豊かな国を旅したいのだ」と答えていた。

父の世代もこれと同じ感覚と思われる。当然のことながら、貧しい国の人は豊かな国に憧れ、豊かになると今度は辺境の地などに憧れるものだ。人は簡単に手に入らないものに憧れる。

敦煌《とんこう》で地元の人の家に招待されたとき、居間の壁一面にどこか南の島の青い海と白い砂浜の写真が掲げてあったのを思い出す。あれは砂漠の町だから水のある風景に憧れたのに違いない。またパキスタンのホテルでは、壁に金閣寺の写真が飾ってあった。パキスタンで金閣寺は手に入らない。まあたしかにそうだが、果たしてパキスタン人が金閣寺の何に憧れたのか、それは聞かなかったので謎である。

私は学生の時、初めての海外旅行を目論んで、近くて安い中国へ行こうと計画した。ちょうどＮＨＫの『シルクロード』を見て、いたく感動した後だったこともある。ゴビ砂漠で地平線を眺めてみたい。敦煌の遺跡を見てみたい。とあれこれ計画しながら心浮き立っていたのである。

ところが、父がこれに猛反対した。

「中国なんか行って何になるんや。あんなとこ行っても何も得るもんあれへん。アメリカや、アメリカ行って経営の勉強してこい」

と彼は言った。余計なお世話だと思い、無視していると、

「俺がキャンセルしてくる、旅行会社どこや」

とまで言い出して、なんだかもう大騒ぎになった。

英語をマスターさせて、ゆくゆくは国際派ビジネスエリートにでも仕立てたかったのだろう。だが、そうはＤＮＡが許さないし、それが本人のためだという頑《かたく》なな信念が大きなお世話である。ビジネスの世界でステップを上っていくことが、最大の幸せと信じられた時代はいいが、今やその信念こそが地球を破壊しているのではないかと疑う後の世代にとっては、人生はそう単純ではないのだ。

というか実はそんな大きな話でもなくて、夏休みにどこへ行こうがどうでもいいではないか。行きたいところへ行かさんかい。だいたい一カ月アメリカ旅行したぐらいで英語が喋れるようになるわけがないだろう。

まあ結局、私は予定どおり中国へ行ってこんなふうになり、経営の勉強なんかちっともし

なくて英語もさっぱりなわけだが、時は流れ父ももうこの世にいなくなった昨年、遅ればせながらアメリカを初めて個人旅行した。アメリカに来たぞ親父、と思いながらジェットコースターに乗りまくった。来てみるとアメリカはそれなりに、グッとくるものがあったけれども、グッときたのは主にジェットコースターである。

そして今年も、またアメリカに来たぞ親父、とあの世へ念を送りながらやっぱりジェットコースターに乗るためにワシントンDCへやってきて、このたび父と同じオベリスクの前で記念撮影したわけなのである。

国際派ビジネスエリートにするつもりが、ジェットコースター乗りになってしまい、さぞかし父も無念なことと思う。

父が生きていたら、今回のテロをどう思っただろうか。マスコミでは欧米中心のグローバリズムが終焉《しゅうえん》を迎えた象徴的事件というようなことも言われていたが、父のアメリカ崇拝も終焉しただろうか。そんなことを今私は考えている。

父は死に瀕した病床で、

「なんや腹が痛いと思って、医者に診てもろたら腹ん中にこんな大きい金塊が入っとった。それ取り出してな、枕元に置いといたのに目が覚めたらなくなっとったんや。あの金塊、誰が持っていったんや。お前、看護婦さんに聞いてこい」

とさりげないギャグをかまして逝った。

私はそれを思い出し、父が死を前にしてアメリカ崇拝から脱し、関西人としての自覚に目覚めた、つまり父のグローバリズムが終焉し、ローカルな人間に戻ったのだと解釈することにした。金塊はなくなり、ギャグが残ったのである。人間死ぬときは金よりギャグだ、と父は最後に言いたかったはずだ（知らんけど）。

そんなわけでテロの犠牲者へのレクイエムを書こうと思っていたのが、自分の父親へのレクイエムになった。ここまで来たら、このまま終わることにして、出棺の際私は、天国でこれでも読め親父、と柩《ひつぎ》の中に自分が書いた最初の本『旅の理不尽』の、中国旅行のページを開いて押し込んだのだった。父も、よくぞアホになったと、今なら褒めてくれるのではないか。

誰も間違わないとは思うが、泣かせる話ではもちろんない。

いつの日か、ファミリーレストランで

この仕事をするようになってよく思うのだが、著名作家の経歴などをみると、年に三〜五冊はコンスタントに出している人が多い。なかには年によって七、八冊も出しているのは、一体どういう超常現象であろうか。八冊といったら原稿用紙二〇〇〇枚以上、年中無休で一日平均六枚はフィニッシュしなければならない。一日六枚は、私に言わせれば致死量に近い。

そのような非人間的な大量生産型の書き方ではなく、私としては、本当に必要なことをじっくり丹念に少しだけ書く、そういうローインパクトな書き方で日夜精進していきたいものだ。働きたくないだけじゃないのか、などと疑ってはならない。最小限に書いてあとは自然に任せるという、地球にやさしい書き方である。私はこれを、エコロジー的な視点から「スローライト」と呼んでいる。

ただ問題なのは、この「スローライト」を実践すると、なぜかちっとも金が入ってこないことだ。ふつう地球にやさしい有機食品などは値段が高いのである。なのに私の原稿料は安いままだ。どうなってるのか。

いや、まあ、それはいい。べつにそんな話がしたいわけではない。

先日、私がどうやって原稿のアイディアを練っているか分析してみたところ、おもに二つの状況でアイディアが生まれていることが判明した。今回はそれについて書く。

いいアイディアが生まれる場所。そのひとつが、電車の中である。

なぜか電車の中でいろいろと思いつく。

私はもともと雑音が苦手で、部屋で原稿を書くときも、静かでないとだめなタイプである。受験の頃、ラジオや音楽を聴きながら勉強すると、ついいっしょに歌ってしまって、気がつけば立ちあがってモノマネしていた。

それがなぜうるさい電車で集中できるのか、そのメカニズムは自分でもわからない。わからないけど、電車に乗ると頭がクリアになり、客観的ないいアイディアが浮かぶので、最近はたいした用事がなくても、小さなノートとペンを持って電車に乗るようにしている。私の家から都心に出るのに一時間かかるが、考え事をするのにちょうどいい距離だ。

もうひとつ、いいアイディアが浮かぶのがベッドの中だ。

これから寝ようという寝入りばなに、画期的なアイディアが浮かぶ。

よく、眠る前に思いついたアイディアは朝起きてからみると全然使えない、という話を聞くが、私の場合、眠らないから大丈夫である。眠るとみせて眠らない。フェイントなのだ。

仕事が煮詰まると部屋を暗くしてベッドに入り、枕元にペンとノートと懐中電灯を置いてうつらうつらする。すると、突然アイディアがひらめく。それをノートに書いて、さらに横になっていると、やがてまた素晴らしいアイディアが浮かぶ。厳密に言うと、ポッと新しいアイディアが浮かぶというより、それまで関係ないと思っていたいくつかのことがらが、ふっと繋がる感じである。そうやってある程度アイディアが整理され、もうこれ以上はないなと思ったら、そのノートとともに起きだして再び机に向かうのである。

このとき難しいのは、頭の中では見事な文章がひらめいていても、懐中電灯をつけてノートに向かうまでに、それが薄れてしまうことだ。ほんの数秒の間に、おぼろげな残像だけになってしまう。すべてをきちんと書きとることは、夢を記述するようなもので、なかなかうまくいかない。

そこで私は、思いついたらいちいち懐中電灯をつけないで、即座に書く訓練をした。字を書くスピードもアップさせ、イメージが生まれたそばからどかどか転写する。懐中電灯をつけないのは、イメージを逃がさないためにも有効だ。部屋の電灯なんかつけた日には、思いついたものが視覚情報に惑わされてバラバラになってしまう。真っ暗なほうがイメージの保存が長くきくのである。そうして今では、暗闇でも字が重ならないで何行でも書いていけるまでに成長した。

今私は、日本中の大仏を見てまわるエッセイを書いているが、結構理屈っぽいことを書こうとしているため、この方法がとくに役立っている。わからなくなると、ベッドで寝ればいい。困ったら寝る。窓には遮光カーテンを取り付け、昼間から真っ暗にして万全の態勢で横になる。そうやってあとは論理が勝手に展開するのを待つのである。うっかりそのまま眠ってしまうこともあるが、それはそれで眠ることにしている。

以上が私の発想法というわけだが、実は最近そのほかに、目先を変えてファミリーレストランで執筆してみたらどうか、なんてことも考えている。家でばかり書いていると煮詰まる可能性がある。聞けば『ハリー・ポッター』もカフェで書かれたというではないか。

さっそく私も、思い切ってノートパソコンを購入、それを持って、ドリンクバー一八〇円の近所のファミレスへ出かけてみた。

昼間のファミレスは、空いているのかと思ったら、おばはんでいっぱいであった。釣り堀の魚みたいに、みんなパクパクして、めっちゃやかましい。

それでも、電車で集中できたんだからと自分に言いきかせて、仕事を始める。やってるうちにするするとのめり込み、お、これはなかなかいけるのではないか、と思っていると、やがて小便がしたくなってきた。長くいれば小便もしたくなる。

ところが、だ。

トイレに行こうとしてパソコンの扱いに困ったのである。

そのままテーブルに置いていくと盗まれるかもしれないではないか。かといって、いちいちトイレに持っていくのも面倒である。そうでなくても、小脇に抱えて小便すると床に落としそうだし、小便器の上にたてかけておくのも、みみっちい感じだ。たてかけたつもりが、小便中の「偉大なる私」の上に落ちてくる可能性もある。

こんなときは、どうしたらいいのか。

よくカフェなどでかっこよくパソコン開いてる人がいるけど、あれはトイレはどうしているのだろう。

考えてみても、何も思い浮かばない。やはり強行突入しかない、ということか。どーんと太っ腹な気持ちで、パソコンを置いたままトイレに行くのだ。

ためしに席からトイレまでの距離を確認すると、約一五メートル。微妙な遠さであった。ただ、こういうときに迷いは禁物だ。迷ったら、行くしかない。私は心を決めると、目立たないようさりげなく立ち上がり、そのまま一気にトイレに突進した。

中に入り、誰もいないと思った瞬間には、もうジッパーを開いていた。便器到達前には準備を完了。バスケット選手並の流れるような動作で小便へ移る。ところが、さっさと終わりたいこんなときに限って、小便がいつまでも出てくる。おいおい早くしろよ。

最後は残尿感もそこそこに、ちょっと振っただけの「偉大なる私」をどさくさに収納。手を洗うのももどかしいので、そのままトイレを脱出すると、まっ先に自分のテーブル方面を目視確認した。するとそこには、私のパソコンが、正しい位置に燦然と輝いているのが見えた。

おおおお！

ほんの一分ほど離れていただけなのに、思わずかけ寄って抱きしめたくなるような私のパソコン。とはいえ本当にかけ寄るのはかっこ悪いから、そこは悠々と歩いて、テーブルに帰還した。

その後、私は中で洗わなかった手をウェットティッシュで拭いた。さらに心落ちつかせるため、ウエイトレスを呼んで安いピザを注文した。やってきたピザを食べつつ、トイレに行く前の原稿の流れを確認。もう何も心配することはない。よかったよかった。あとは再び集中するだけだ、と思ったら、ピザの油で手がベタベタになっていた。

しまった。たった今、未曾有の危機を乗り越えてきたばかりというのに、またもや洗面所へ行ってせっけんで手を洗いたいではないか。

あーあ。

さすがの私も、ここにきてついに集中力が切れた。気持ちをいったん立てなおそうと、ゆっくりとコーヒーでも飲んでみたが、ますますリラックスして、ピザがうまかった。
結局この日、私の仕事が再開されることはなく、『ハリー・ポッター』への挑戦第一日目は、そのまま幕を閉じたのであった。

この経験から学んだことがあるとすれば、それは、もしファミレスで原稿を書くなら、手書きのほうがいいということだ。手書きの原稿なら、盗まれる心配も少ない。あるいはトイレにパソコンを持ち込む方法を考えるか。でなければせめて、トイレにもっとも近い席を確保すべきだろう。

原稿の書き方、アイディアの出し方について書いていたつもりが、いつの間にかこんな話になった。こうなったら、ファミリーレストランで凄い本を書いて、今度は『ハリー・ポッター』撃破のもようを、いつの日か報告したい。

あとがき

この本は、主に二〇〇〇年から二〇〇三年にかけて雑誌『旅行人』に連載したエッセイに加筆訂正し、さらに他誌に書いたエッセイを加えたうえに、何編かはあらたに書き下ろし、そこに連載中空きスペースを埋めるために描いたコマ漫画と、発作的に思いついた迷路なんか描いてるうちに、何の本だかよくわからなくなってきた。

そこで、自分なりに分析してみたところ、エッセイのうち52％が旅行の話であり、残りは趣味や日常のよもやま話だということがわかった。

52％の算出根拠は、この本に収められている28編のうち、旅行記あるいは旅先での出来事が書かれたエッセイが11編。旅行にまつわる考えや、取材での出来事が書かれたものが7編。この7編の旅行成分濃度を仮に半分と計算すると、全体に占める旅行含有率は11プラス7の半分で、合計14・5編となり、これを28で割り、その結果を四捨五入すると52％、というような、そういうような面倒くさい計算に何か意味があるのかないのである。

とにかくまあ、52%調子がいいということなのである。

おおむね半分。半分よりちょっといいのだ。

何が？

調子が。

何の調子が？

旅……かな？

自分でつけておきながら言うのもなんだが、タイトルにたいした意味はないのだった。残り48%は大丈夫か、と心配な人は、大丈夫かどうか実際に読んで確かめるように、と当局では警戒を呼びかけている。

何にせよ、自分の本がひさびさに出てうれしい。

もっと迷路を描いてほしいという人は、最寄りの宮田まで。

二〇〇三年夏

宮田珠己

文庫版あとがき

『52％調子のいい旅』という単行本のタイトルを、文庫化するにあたって、『ときどき意味もなくずんずん歩く』に改めた。文庫化ついでに、エッセイをひとつ書き下ろしたので、前の単行本あとがきにある計算が成り立たなくなったのである。さらに、単行本では収録したコマ漫画や迷路も割愛した。迷路については、別に『ポチ迷路』という、ひたすら迷路で埋め尽くした絵本を出したので、迷路が好きな方には、それをお薦めします。ポチと一緒に、謎の世界を探検する、ちょっと変な大人の迷路です。日々のストレス発散にぜひ。というような宣伝はいいとして、いつか迷路の本が出せればいいな、と思っていたので念願かなって大満足な私である。

振り返ってみると、こういうことがやりたいという自分の欲望をひとつひとつクリアしながら、これまで本を書いてきた。迷路もそうだし、世界中の海でシュノーケリングしたい、すごいジェットコースターに乗りまくりたい、変な風景を見てワクワクしたいというような、なんとも子供じみた欲望に背中を押されるようにして、ここまでやってきた。この本はそのこぼれ話や、裏話を集めたものということになろうか。

欲望はまだ他にもいろいろ残っていて、なかでもとりわけ大きな柱として、南総里見八犬伝のような大長編小説を架空の世界を舞台に書いてみたいというのと、もうひとつ迷路のような家を建てたいというのがある。そんなに広くなくてもいいから、自分でもなかなか覚えられないような間取りの家に住みたい。

以前金沢の妙立寺《みょうりゅうじ》（通称忍者寺）へ行ったら、外観は二階建てなのに、中に入ると七層になっていて、案内されてもどこがどうなっているのかさっぱり覚えられなかった。方向感覚には絶大な自信のある私をしてそう思わせるとは、見事としか言いようがない。敷地もさほどでかくなく、理想的だと思ったのである。

そしてその家には太陽光パネルと風車をところ狭しと取り付けまくり、可能ならば雨どいには水車もつけて、阿呆のように発電したい。もちろん毎日の発電量はグラフにして、毎晩寝る前に眺める。おお、今日は大雨だったので太陽光はだめだったが、水車のがんばりがめざましかったな、ええっとそれで寝室はどっちだっけ？　なんて言って二重に悦に入るのである。

そんな日は来るであろうか。

一応、現在の年収から推測すると、今後一〇〇年以内には来ない計算になるが、世の中何が起こるかわからない。つい先日も、四国の早明浦ダムに水がないと思ってひやひやしていたら、今はもう台風がきて満杯である。当たり前のことだが、未来というのは、現在の予測とはまったく違う展開になるのであり、だとすれば突然願いが叶うこともあるかもしれないのであって、できればそうなりますように、辛抱強く、好きなことばかりやって生きていくことが肝心である。

この本を出版するにあたってご尽力いただいたみなさんに感謝します。

二〇〇七年台風の季節

宮田珠己

解　説

高野秀行

　その昔、私は本をよく読む明るい青少年で、「新刊が出たらすぐに買う」という作家がたくさんいたものだが、年をとるにつれ、だんだん偏屈になってきた。「××（作家の名前）は最近マンネリだな」とか「若い頃に比べるとパワーがなくなった」とか、単に「飽きた」とか、もし私が読者に言われたら、即死しそうなことを平気で口にするようになり、今や、「新刊心待ち作家」は五指に足りない。

　五指に足りない指を一つ埋めているのが、本書の宮田珠己ことタマキング（逆か？）だ。

　初めてタマキングの本を読んだときの衝撃は忘れられない。

「世の中にこんな面白い文章を書く人がいるのか⁉」と思った。

そんなに衝撃を受けていながら、それがどの本だったか思い出せないというのもどうかしているが、私の記憶力に問題があるほかに、タマキングの本は読むたびに「こんな面白くていいのか！」と衝撃を受けるため、いつ、どの本に衝撃を受けたかわからなくなるのだ。というか、タマキングの本はあまりに笑えて、あまりにくだらないので、日本の憲法改正問題も、私の今日中に原稿を二十枚書かないとたいへんなことになるという問題も、すべてが「もうどうでもいいや」という気分になるんだから、無理もない。

実際、私は仕事に行き詰ると、よく寝そべってタマキングの本を開く。いいネタがあればあるほど、肩に力が入り、文章が堅苦しくなる。そういうとき、タマキングを読む。すると、「ぎゃははは」と身も蓋《ふた》もない馬鹿笑いをしたあと、心身ともに脱力して筆がすらすら進んだりするのである。ときには、脱力しすぎてそのまま深い眠りに落ちることもあるが、それはそれでよしとしている。

ところが、このタマキング本、実は重大な欠陥がある。何が面白いのか、なかなか言葉では説明できないのだ。

こんなに面白いタマキング本が一部のカルトなファン以外にはあまり知られておらず、文庫にもなかなかならないのをかねてより遺憾《いかん》に思っていた私は、出版社の文庫担当に会うたびに、「タマキング、いいっすよ。ぜひ、おたくで文庫にどうっすか」と、勝手に営業活動を繰り広げてきた。少なくとも三社には声をかけた。

しかし、結果は無残なもので、誰ひとり、私の言葉に耳を貸すことがなく、いつの間にか、私の知らないところで幻冬舎文庫にさらわれてしまった。いや、幻冬舎で文庫化されたからいいんだが、私はかつて自分が営業をかけた文庫編集者に「ほら、だから言ったじゃないですか！」と詰め寄ると、みなさん、困ったようにこう言うのであった。

「いや、タカノさんが面白いっていうから読んでみたんです。そしたら、ほんとに面白かったんだけど、それを企画会議で伝えるのがすごく難しいんです。各編集者がそれぞれ自分の企画を持ち寄り、気合いがみなぎっている中で、五分か十分で宮田さんの本の紹介なんてできませんよ」

そりゃ、そうだよな。ただでさえ、緊迫した会議で一生懸命説明する本じゃないしな。ましてや、五分か十分で説明するのは無理だ。

本書だってそうだ。どんな本かと訊《き》かれたら、「旅のエッセイ」と言うしかないが、仕事で原子炉に入ったとか、ジェットコースター評論家になってしまったとか、旅と何も関係のない話もある。

ならば、「すごく笑えるエッセイ」と言うとどうか。書店には「爆笑エッセイ」「抱腹絶倒のエッセイ集」などと帯に記された本が死ぬほどある。そういうのとタマキングとどうちがうのか、と問われることになる。
いや、全然ちがうのだ。一度でもタマキングを読んだ人ならわかる。なぜなら、彼の面白さはチャンドラーが寝言を言っているような特異な文体とレトリックにあるからだ。しかも、それを引用して説明するのが難しい。彼の文章はうねるような有機結合体というか、時間がたってくっついたざるうどんというか、そこだけピッと引き剝《は》がすことができないのである。
でも、未読の人たちのために、いちばん短く引用ができる部分（それでもけっこう長い）をご紹介しよう。

サラリーマン時代の私は、年三回の大型連休には必ず有給をくっつけてぐいぐい引き延ばし、いつも海外旅行にばかり出掛けては、上司に「たいした根性だ」とスポーツマンのようによく褒められた。幸運にも私の上司はできた人で、私がいくら休もうが黙って旅行に行かせてくれた。帰って来てお土産を渡しても廊下で挨拶してもまだ黙っていたほどだ。

あ、これ、同じく幻冬舎にさらわれた、いや、文庫化された『わたしの旅に何をする。』だった。まあ、いいや。そんなことは大した問題ではない。本書では、「ゴージャスなミックスパーマにしましょう」とか「スチュワーデス＝ゾウガメ理論」とか「水中メガネは二度海ですべる」がいい。引用できないけど。

引用箇所を探すという口実で、本書だけでなく、タマキング本をまたしても一通り読んでしまったが、やっぱり面白い。文体だけではない。何か、彼の見ていることが根本的に他人とちがうのだ。

それがやがて『晴れた日は巨大仏を見に』や『ふしぎ盆栽ホンノンボ』といった、旅エッセイでもなければ、爆笑エッセイですらない、でも不思議な奥深さをたたえた「エンタメ・ノンフィクション」とでもいうべきものに昇華されていく。

ほんとうに面白いかどうか心配な人は、本書のオススメ部分を読んで慎重に確かめるようにと当局では警戒を呼びかけている。

――辺境作家

この作品は二〇〇三年六月旅行人より刊行された『52%調子のいい旅』を改題し、加筆・修正したものです。

幻冬舎文庫

●最新刊
水没
青函トンネル殺人事件
安東能明

ファッションデザイナー・三上連は、少年の頃、ある人間を殺して青函トンネルの中に隠した。それから25年、パリで活躍する彼のもとに脅迫状が届く。帰郷した彼を待っていたのは……。

●最新刊
円満退社
江上　剛

東京大学を出て一流銀行に勤めるも出世とは無縁。うだつの上がらぬ宮仕えを三四年続けてきた男が、定年退職の日に打って出た人生最大の賭けとは？　哀歓に満ちたサラリーマン小説。

●最新刊
フリーランスのジタバタな舞台裏
きたみりゅうじ

サラリーマン生活にオサラバしたら、金なし・信用なし・未来なしの冷や汗生活が始まった。誰もが夢見るフリーランスの、これがリアルな舞台裏！　それでもあなたは会社を辞めますか？

●最新刊
愛するということ
小池真理子

恋愛。この苦しみからどうやって逃れようか。どれほど大きな悲しみ、猛烈な嫉妬、喪失感に襲われようとも、私たちは生きなければならない。快感と絶望が全身を貫く、甘美で強烈な恋愛小説。

●最新刊
宵待の月
鈴木英治

半兵衛は戦では右に出るものがいないほどの剣の達人。しかし、亡くなった家臣を数えては眠れぬ夜を過ごしていた。「生きたい」という想いと使命の間で揺れ動く、武士の心情を描いた時代小説。

幻冬舎文庫

●最新刊
開国
津本　陽

江戸湾防備を命じられた武州忍藩主・松平忠国が察知した幕藩体制の綻び。幕政の立て直しに奔走する忠国をはじめ、未曾有の国難に立ち向かう吉田松陰、佐久間象山らの奮闘を描く幕末群像記。

●最新刊
いいことがいっぱい起こる歩き方
デューク更家

歩き方をちょっと変えるだけで、今よりもっとキレイに、健康に、前向きになれる。足の運び方、身体の動かし方など、具体的なヒントが満載。「歩くこと」のエッセンスが詰まった一冊。

●最新刊
剣客春秋　濡れぎぬ
鳥羽　亮

相次ぐ辻斬りの下手人は一刀流の遣い手。その嫌疑が藤兵衛にかけられた矢先、千坂道場に道場破りが現れた——。藤兵衛に訪れた人生最大の試練を描く人気時代小説シリーズ、待望の第四弾！

●最新刊
16歳だった
私の援助交際記
中山美里

「ただ、認めてもらいたかっただけ」。わずか1年半の間で100人近い男性とホテルに行き、500万円以上を手にした元名門女子高生の胸の内とは。10年経って綴った衝撃のノンフィクション。

●最新刊
ニッポンの犯罪12選
爆笑問題

金属バット殺人事件、説教強盗、三億円事件など近代日本史上の重要な犯罪を解説し笑いとばしつつ、現実に起こっている悲惨な事件の本質にせまる。人間の犯す罪はいつの時代も変わらない！

●好評既刊
美人のお稽古
幸せを呼ぶ恋愛の5つのステップ
岡村麻未

女性が芯から美しく輝くためには、美容やファッションより真剣な恋が効果的。恋愛こそが究極のアンチエイジングであることを、美容のスペシャリストである著者が、体験を基にアドバイス。

●好評既刊
百歳まで歩く
正しく歩けば寿命は延びる！
田中尚喜

生涯自分の足で歩きたい！　そのために必要なのは「座る、立つ、歩く」といった日常動作で使う〝遅筋〟を鍛えること。本書では、自宅でできる簡単なトレーニング法を紹介します。

●好評既刊
スマイル　聖夜の奇跡
陣内孝則

連戦連敗のアイスホッケーチームに入部した昌也は、礼奈という少女と出会い惹かれあう。だが礼奈は病に倒れて……道大会の優勝を信じる礼奈のために立ち上がる昌也たち。奇跡は起きるのか？

●好評既刊
EX MACHINA　エクスマキナ
竹内清人

士郎正宗のSFコミック「アップルシード」を原作に、ジョン・ウー監督がプロデュースするアクション超大作が誕生！　映画オリジナルストーリーを、脚本家自らが完全小説化。

●好評既刊
自虐の詩日記
中谷美紀

映画「自虐の詩」で、幸薄いヒロイン・幸江を演じる著者。朝の五時から遊園地で絶叫したり、気がつけば今日も二十四時間起きている！　映画づくりの困難とささやかな幸せを綴った撮影日記。

幻冬舎アウトロー文庫

●最新刊
不妊　赤ちゃんがほしい
家田荘子

「子供がいて当たり前」ではない。子を望みながら授からない夫婦の苦悩、苛酷な治療に苦しむ女性たち……。不妊を通して女性の生き方、生命の尊さを体験者とともに探る渾身のドキュメント。

●最新刊
悪女《あくじょ》の戦慄《わなな》き
夜の飼育
越後屋

『カリギュラ』の常連客・真里亜の前に、昔の男が現れる。暴力的なセックスで真里亜を蹂躙していた男は、同じやり方で彼女を支配する。当初、傍観していた源次だったが。好評シリーズ第4弾！

●最新刊
風、紅蓮《ぐれん》に燃ゆ
帝王・加納貢伝
大貫説夫

戦後の混乱期。飢餓と窮乏の中、無法地帯・新宿に鮮烈に現れた、一人の男。後にジュクの帝王と呼ばれた新宿グレン隊・加納貢の生涯を描いた伝説のノンフィクション、ついに文庫化。

●最新刊
ホストに堕ちた女たち
新崎もも

普通のOLからAV嬢に堕ちた若菜、枕営業の果て壊れていくキャバ嬢のハルカ、会社の金に手をつけ破滅に向かう女社長の悦子。ホストクラブを舞台に泡のごとくはかない恋を描く短編小説集。

●最新刊
社宅妻　昼下がりの情事
真藤　怜

「少し汚れた指でされるのが、レイプみたいでぞくぞくするの」三十四歳の官僚の妻・冴子は自ら招き入れた年下の電器店修理員・俊一に乳房を揉みしだかれ、キッチンで後ろから押し入れられた。

ときどき意味《いみ》もなくずんずん歩《ある》く

宮田珠己《みやたたまき》

平成19年12月10日　初版発行
平成21年8月30日　6版発行

発行人――石原正康
編集人――菊地朱雅子
発行所――株式会社幻冬舎
〒151-0051東京都渋谷区千駄ヶ谷4-9-7
電話　03(5411)6222(営業)
　　　03(5411)6211(編集)
　　　振替00120-8-767643
印刷・製本―図書印刷株式会社
装丁者――高橋雅之

幻冬舎文庫

ISBN978-4-344-41060-2　C0195　み-10-2